歷代名碑精選

廣陵書社

圖書在版編目(CIP)數據

歷代名碑精選 / 廣陵書社編. —影印本. —揚州 : 廣陵書社, 2009.12(2013.3 重印)
ISBN 978-7-80694-539-1

Ⅰ.歷… Ⅱ.廣… Ⅲ.漢字—碑帖—中國—古代
Ⅳ.J292.21

中國版本圖書館 CIP 數據核字(2009)第 228205 號

ISBN 978-7-80694-539-1
9 787806 945391 01>

歷代名碑精選

編者 廣陵書社
責任編輯 王志娟
出版人 曾學文
出版發行 廣陵書社
社址 揚州市維揚路三四九號
郵編 二二五〇〇九
電話 (〇五一四)八五二二八〇八八 八五二二八〇八九
印刷 揚州文津閣古籍印務有限公司
版次 二〇〇九年十二月第一版第一次印刷
印次 二〇一三年三月第二次印刷
標準書號 ISBN 978-7-80694-539-1
定價 陸佰伍拾圓整(全肆册)

http://www.yzglpub.com E-mail:yzglss@163.com

出版説明

書法是在書寫使用漢字的過程中形成的一種藝術形式，歷史悠久，内涵豐富，是中國傳統文化的瑰寶。秦篆、漢隸、魏碑、唐楷、宋行、明人小楷作爲一個時代的書法特稱而載入史册。

中國書法，講究筆法、筆意、筆勢。觀、臨碑帖，是學習書法的重要手段。爲了充分展示中國書法的藝術特色，滿足廣大書法愛好者的需求，我社特精選歷代名碑、名帖，綫裝套色影印。編輯該套碑帖，我們主要着眼于以下三個方面：一、精選經典作品，力求體現書法各體最高藝術水平；二、精選工作底本，力求字體筆畫清晰，且添加釋文，以方便讀者學習；三、用料精良，印裝精製，追求豪華、典雅的文化品位。

《歷代名碑精選》主要收録碑刻舊拓七種，即《曹全碑》、《張遷碑》、《九成宫醴泉銘》、《懷仁集王羲之書聖教序》、《顔勤禮碑》、《多寶塔感應碑》、《玄秘塔碑》，大致按時間先後排序。

徐浩隸書題額，史華鐫刻。唐天寶十一年（七五二）四月立。楷書。三十四行，行六十六字。此碑字體方正謹嚴，筆法秀麗多姿，爲顔氏早期作品。明王世貞《藝苑卮言》稱其『結法尤整密，但貴在藏鋒，小遠大雅，不無佐史之恨』。

《玄秘塔碑》，全稱《唐故左街僧録内供奉三教談論引駕大德安國寺上座賜紫大達法師玄秘塔碑銘并序》，裴休撰文，柳公權書并篆額。唐會昌元年（八四一）十二月立，現藏西安碑林。楷書。二十八行，行五十四字。此碑結字内斂外拓，緊密挺勁；運筆健勁舒展，乾净利落，是柳公權六十四歲時所書。清王澍《虚舟題跋》謂此書爲『誠懸極矜練之作』。

《歷代名碑精選》基本囊括了歷代名碑中的精品，字體涉及隸、行、楷書，集中反映漢至唐代我國書法藝術的演變及特點，是廣大書法愛好者習字、賞玩不可多得的範本，具有一定的欣賞價值和收藏價值。

廣陵書社編輯部

二〇〇九年十二月

總目

第一册

第二册

第三册

第四册

曹全碑

君諱全字景完
敦煌效穀人也
其先蓋周之胄

君諱全，字景完，敦煌效穀人也。其先蓋周之胄。

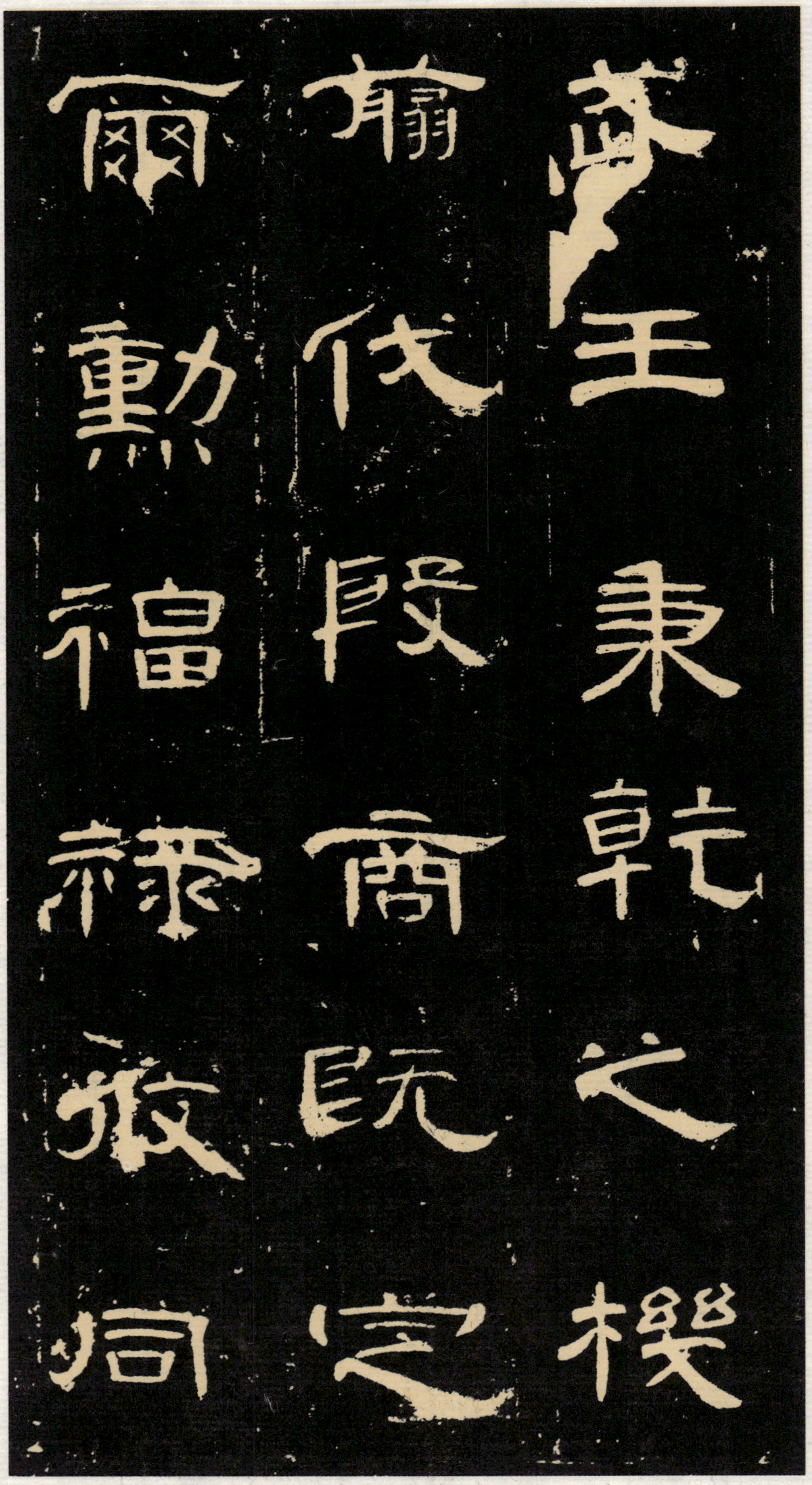
武王秉乾之機
翦伐殷商既定
爾勳福祿攸同

武王秉乾之機，翦伐殷商，既定爾勳，福禄攸同，

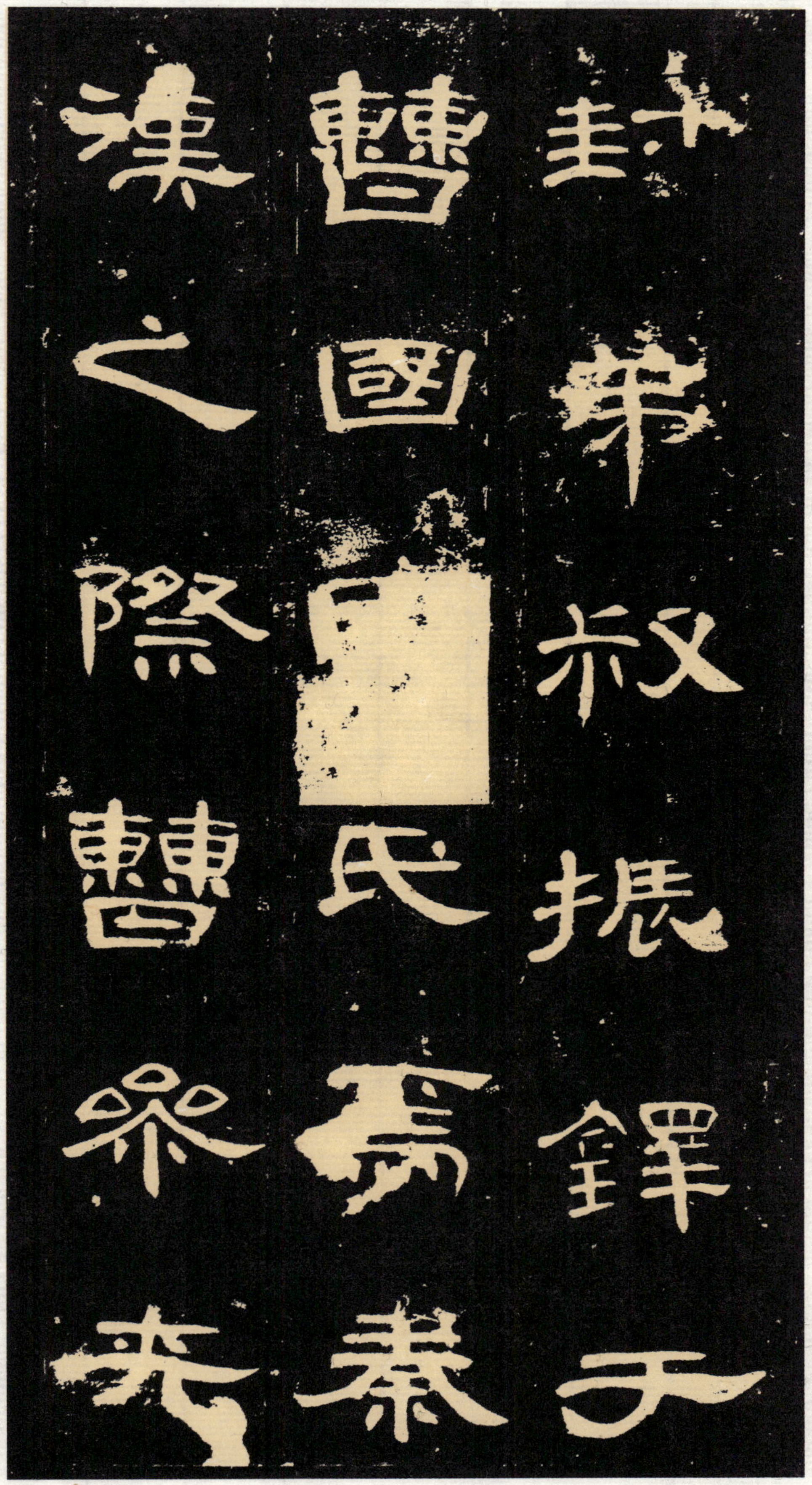

封弟叔振鐸于曹國，因氏焉。秦漢之際，曹參夾

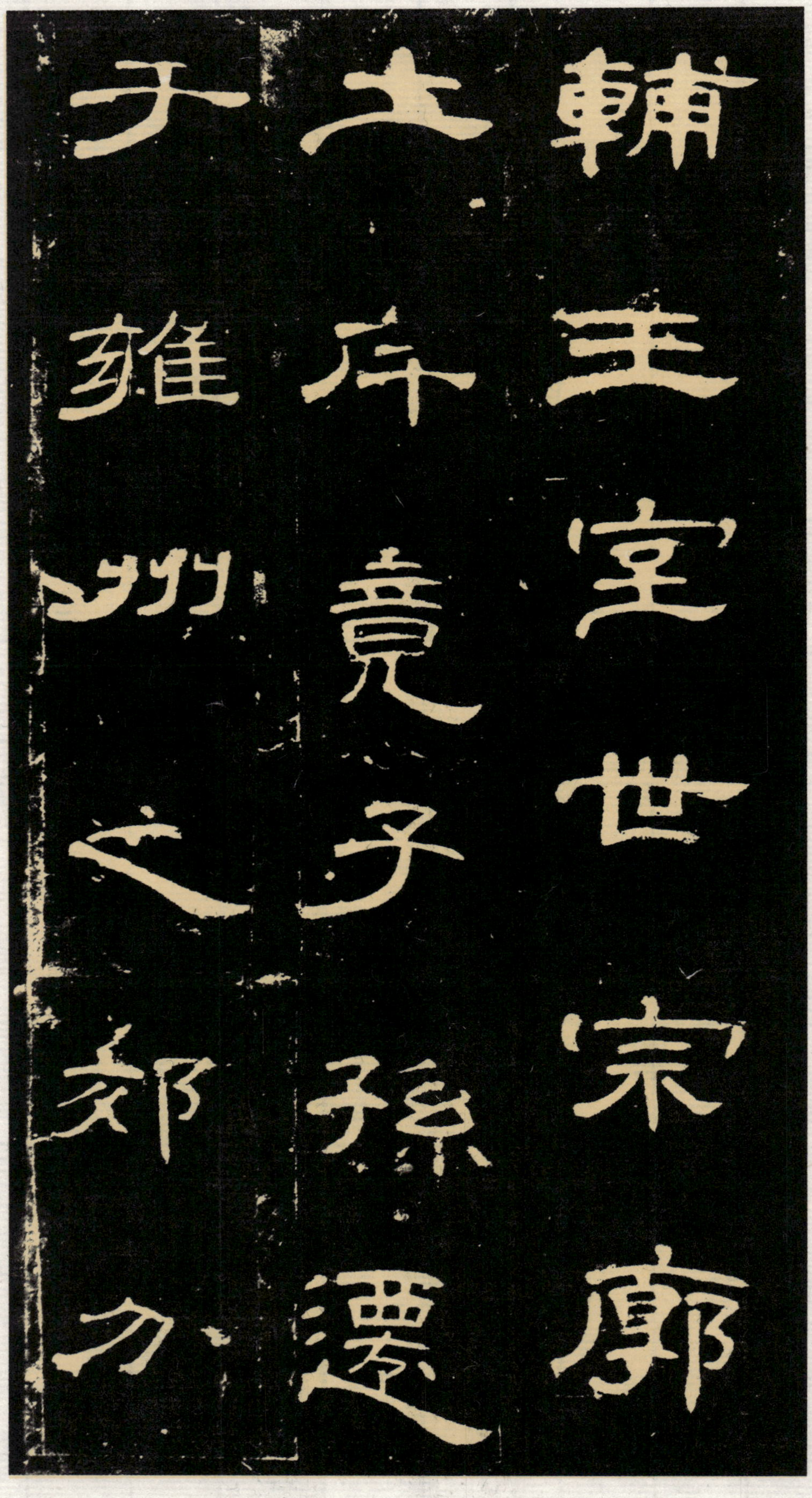

輔王室。世宗廓土斥竟，子孫遷于雍州之郊，分

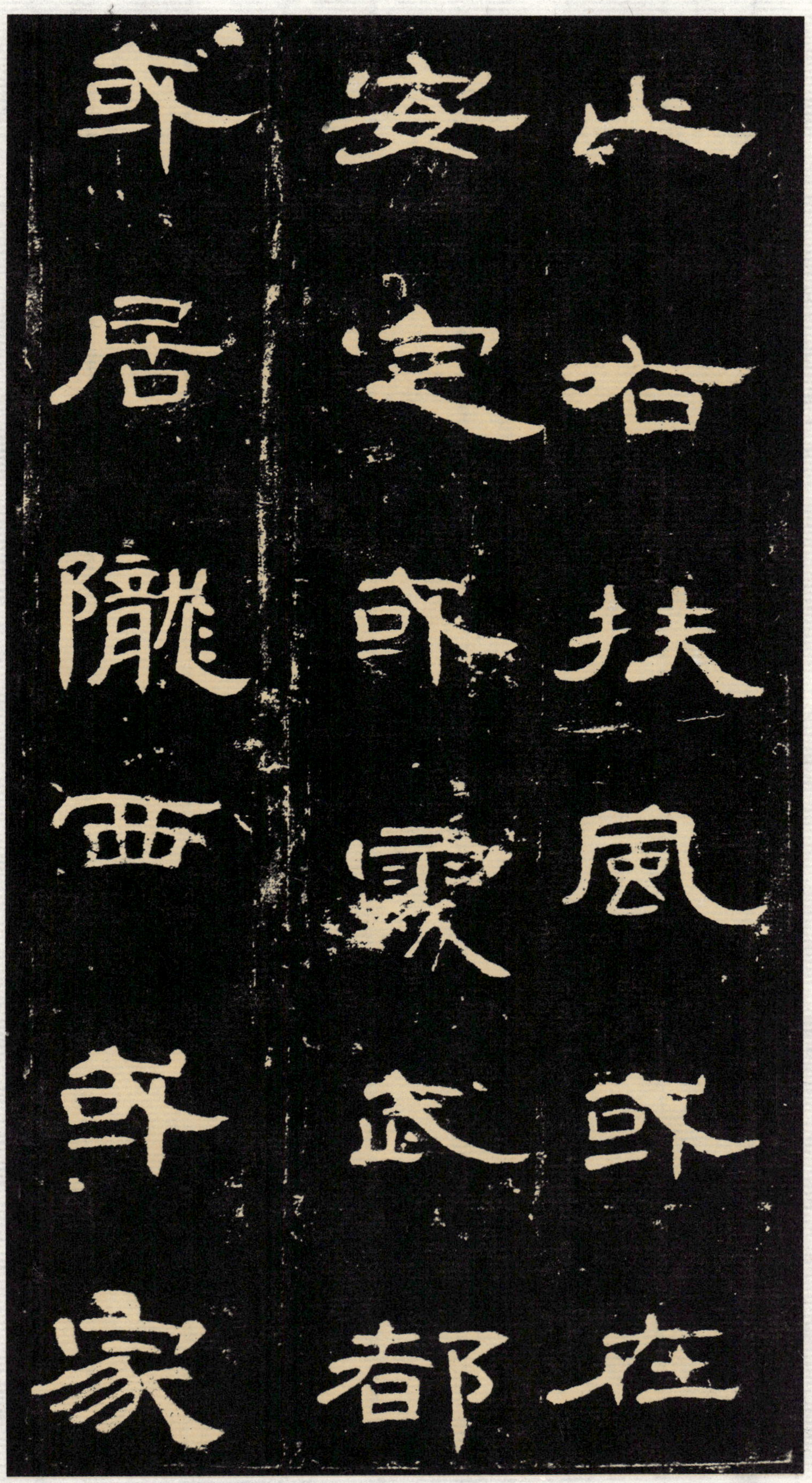

止右扶風，或在安定，或處武都，或居隴西，或家

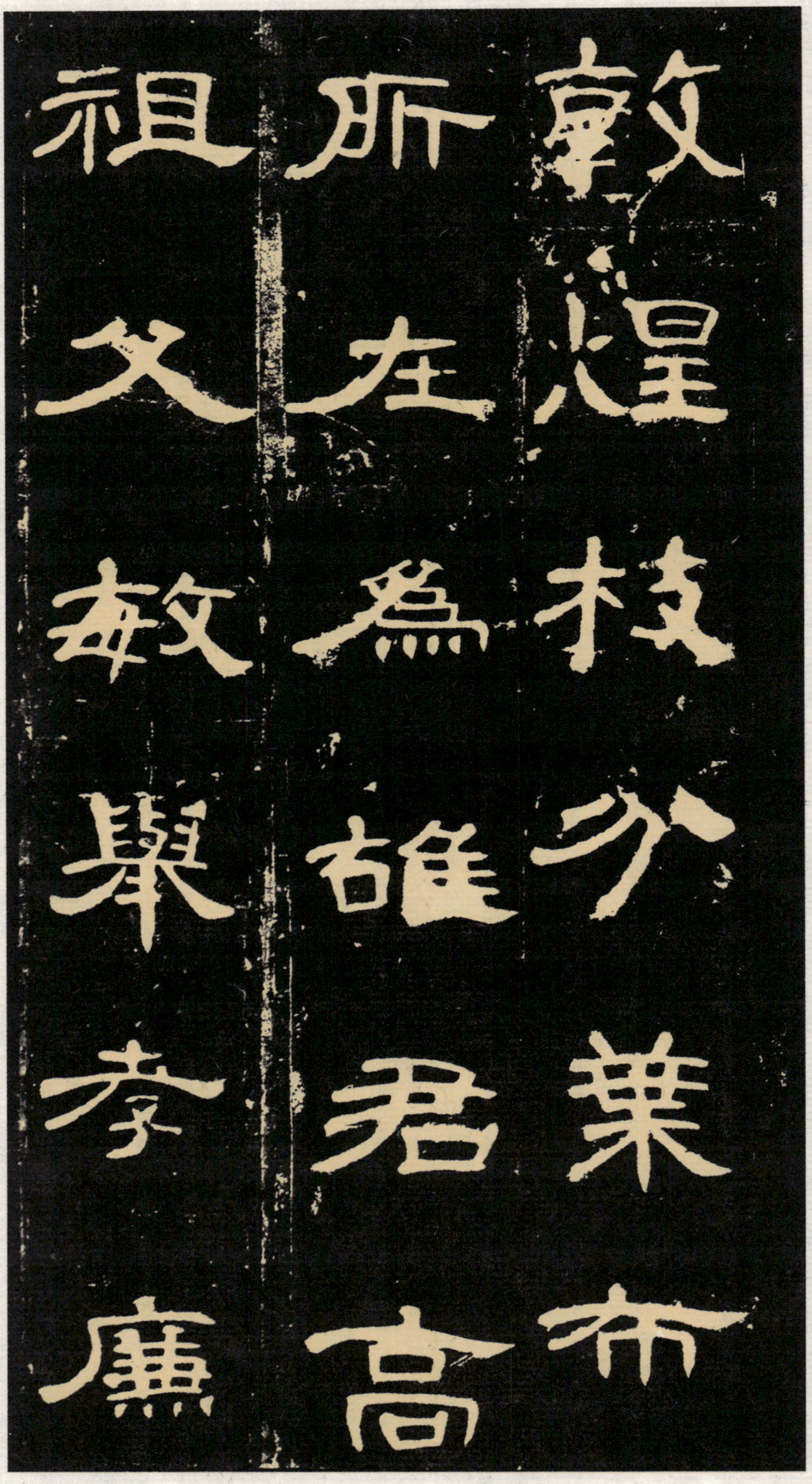

敦煌。枝分葉布，所在爲雄。君高祖父敏，舉孝廉，

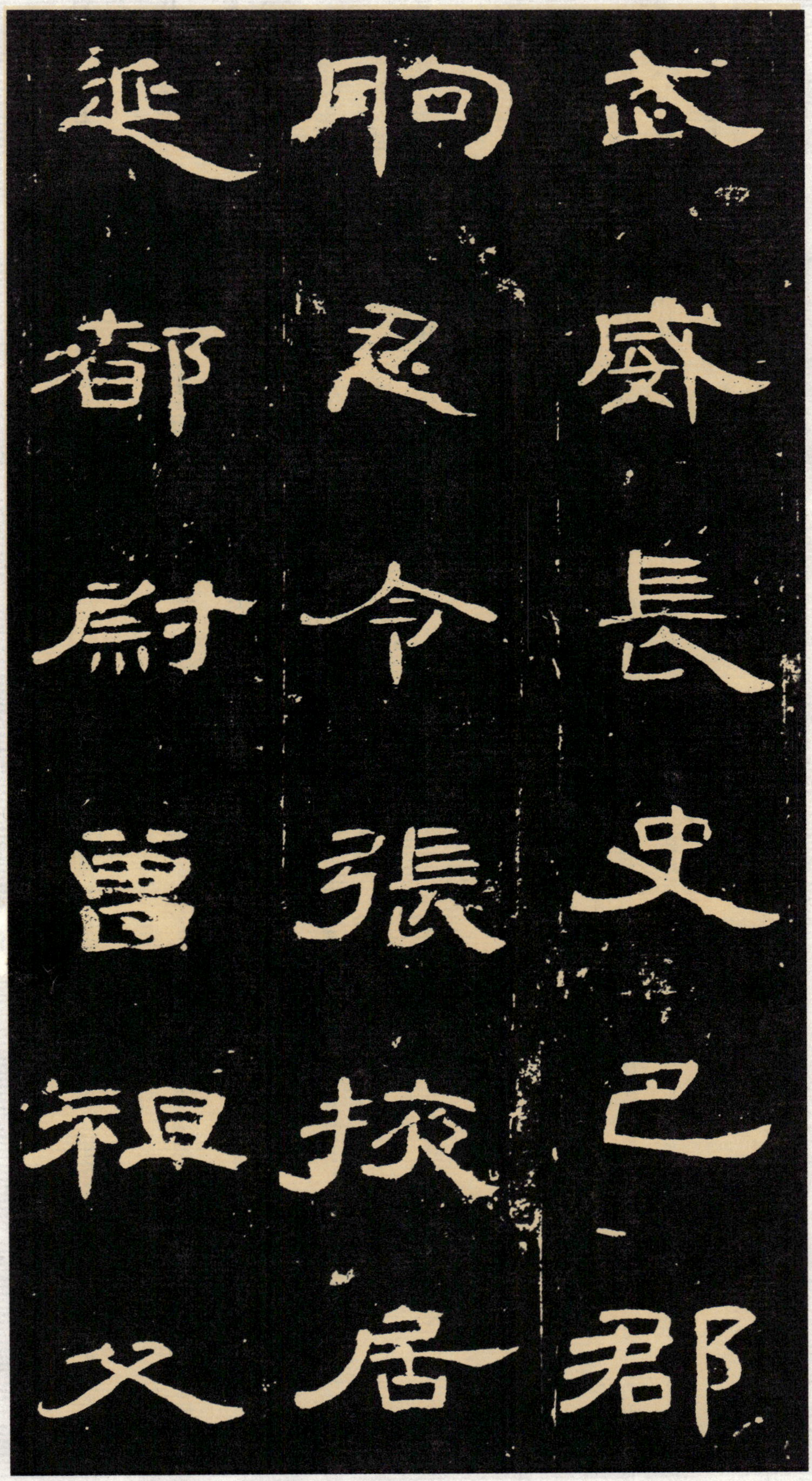

武威長史，巴郡朐忍令，張掖居延都尉。曾祖父

述，孝廉，謁者，金城長史，夏陽令，蜀郡西部都尉。

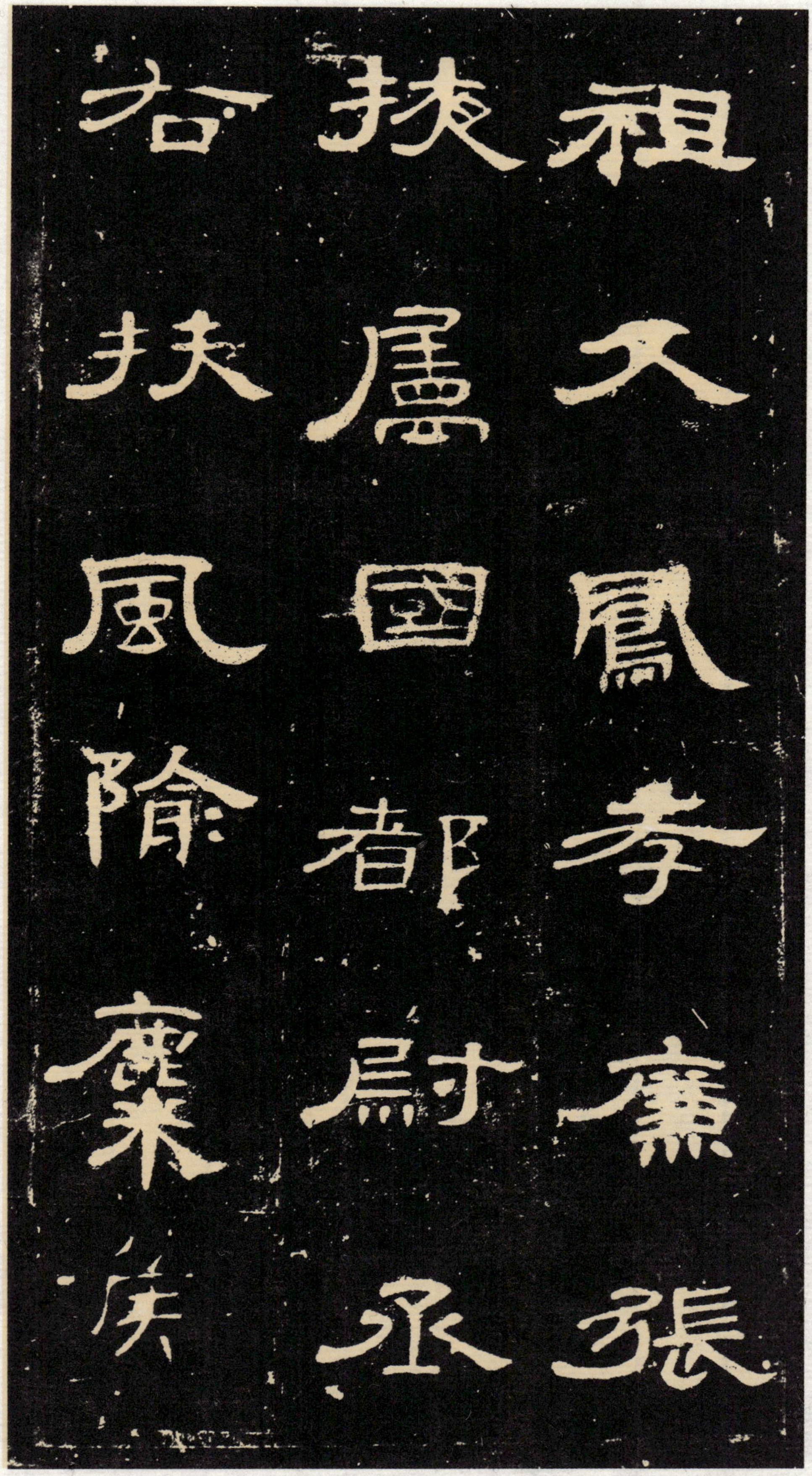

祖父鳳，孝廉，張掖屬國都尉丞，右扶風隃麋侯

相，金城西部都尉，北地太守。父琫，少貫名州郡，

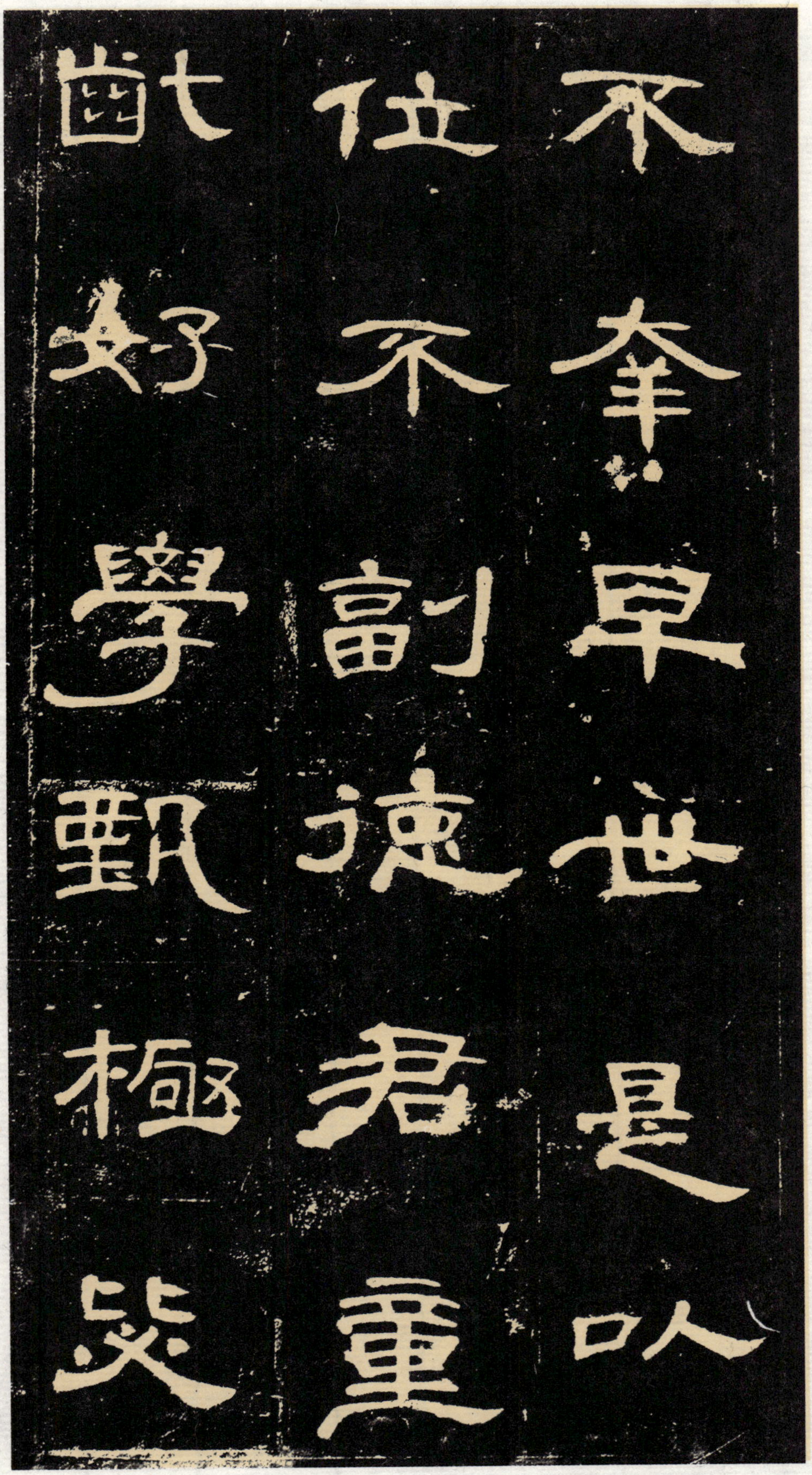

不幸早世，是以位不副德。君童齔好學，甄極毖

緯，無文不綜。賢孝之性，根生於心，收養季祖母，

供事繼母，先意承志，存亡之敬，禮無遺闕，是以

鄉人爲之諺曰：『重親致歡曹景完。』易世載德，不

隕其名。及其從政，清擬夷齊，直慕史魚，歷郡右

職，上計掾史，仍辟涼州，常爲治中，別駕。紀綱萬

里，朱紫不謬。出典諸郡，彈枉糾邪，貪暴洗心，同

僚服德，遠近憚威。建寧二年，舉孝廉，除郎中，拜

西域戊部司馬。時疏勒國王和德，弑父篡位，不

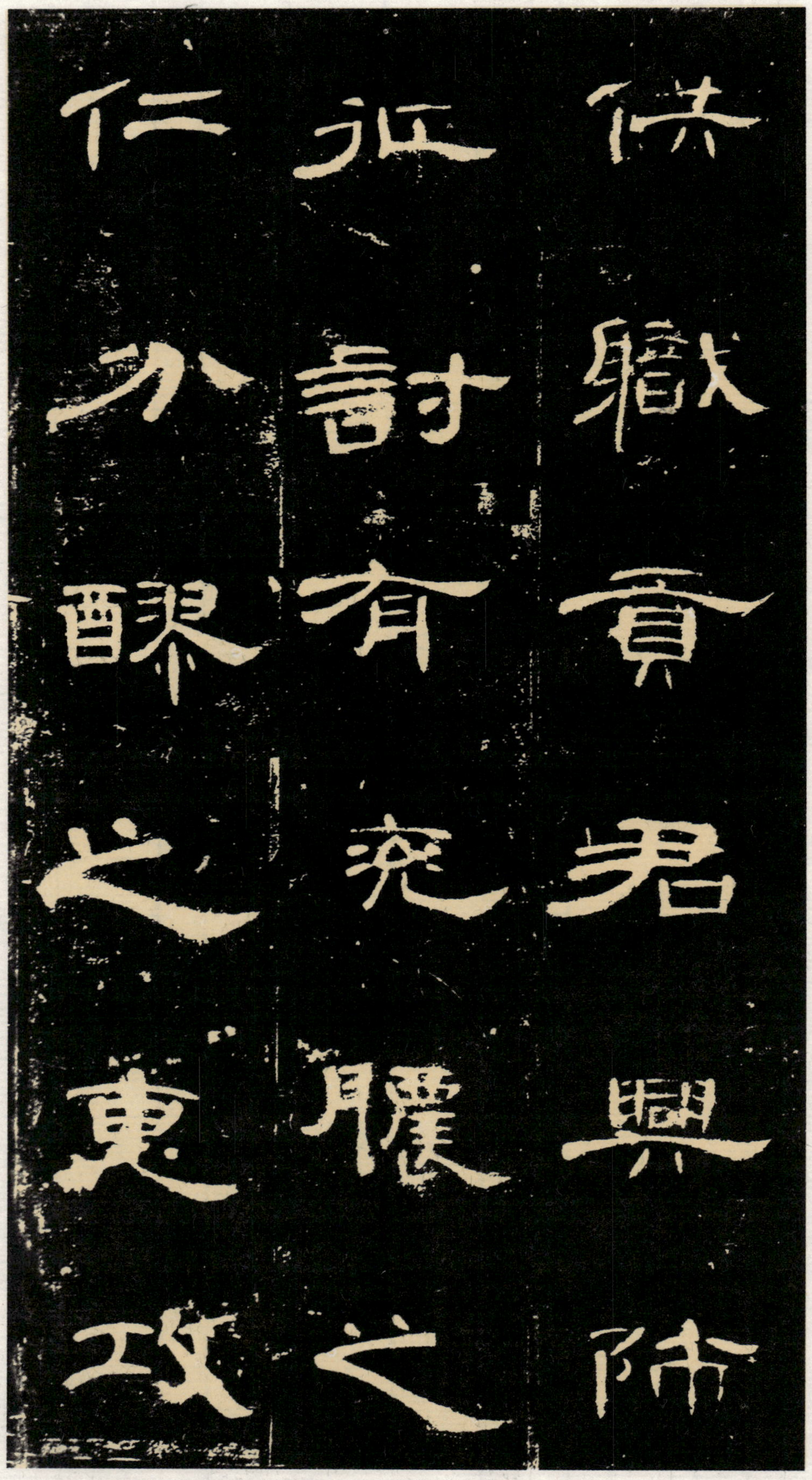

供職貢。君興師征討，有吮膿之仁，分醪之惠。攻

城野戰，謀若涌泉，威牟諸賁，和德面縛歸死。還

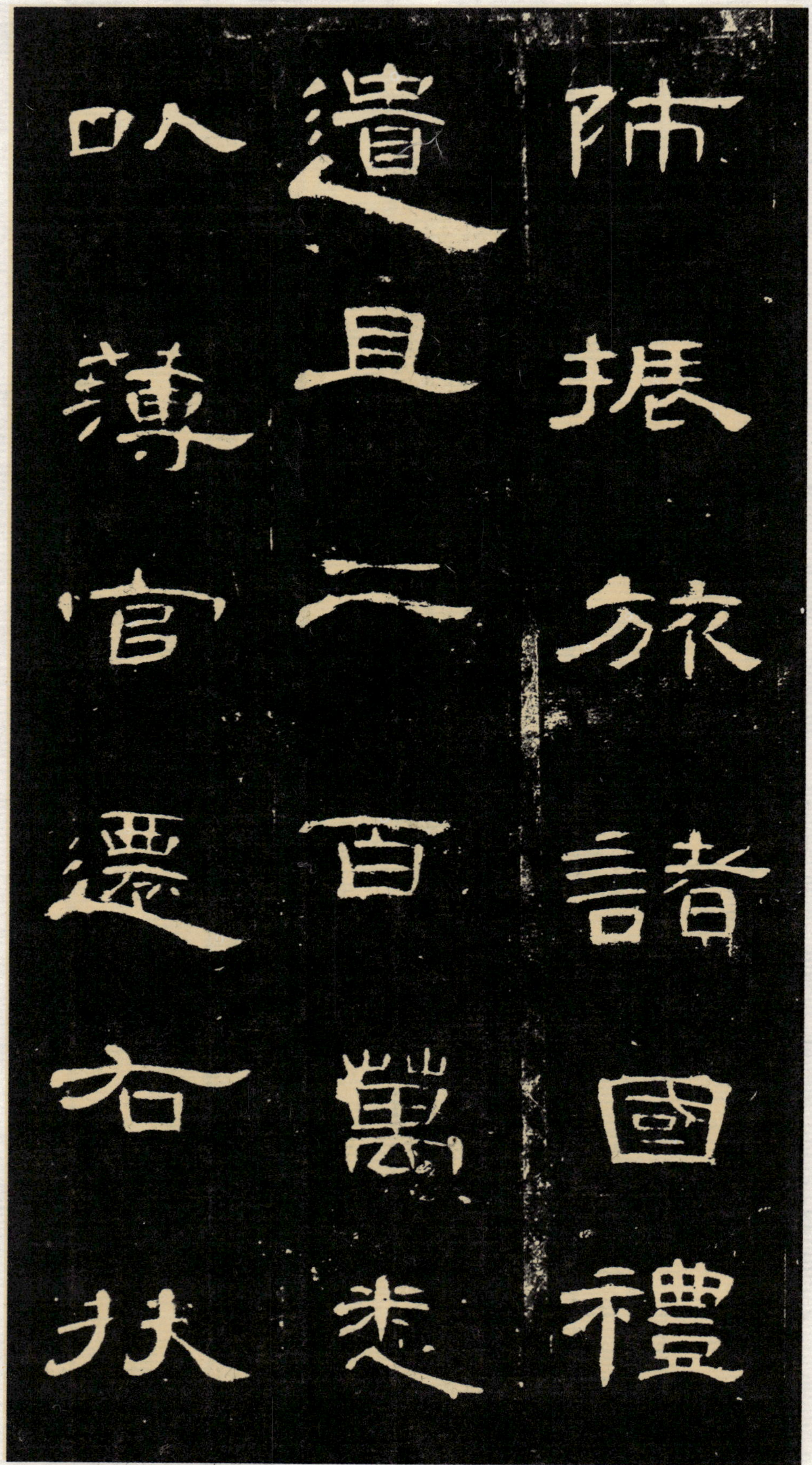

師振旅，諸國禮遺，且二百萬，悉以〔薄〕〔簿〕官。遷右扶

風槐里令，遭同産弟憂，弃官。續遇禁〔罔〕〔網〕，潛隱家

巷七年。光和六年，復舉孝廉。七年三月，除郎中，

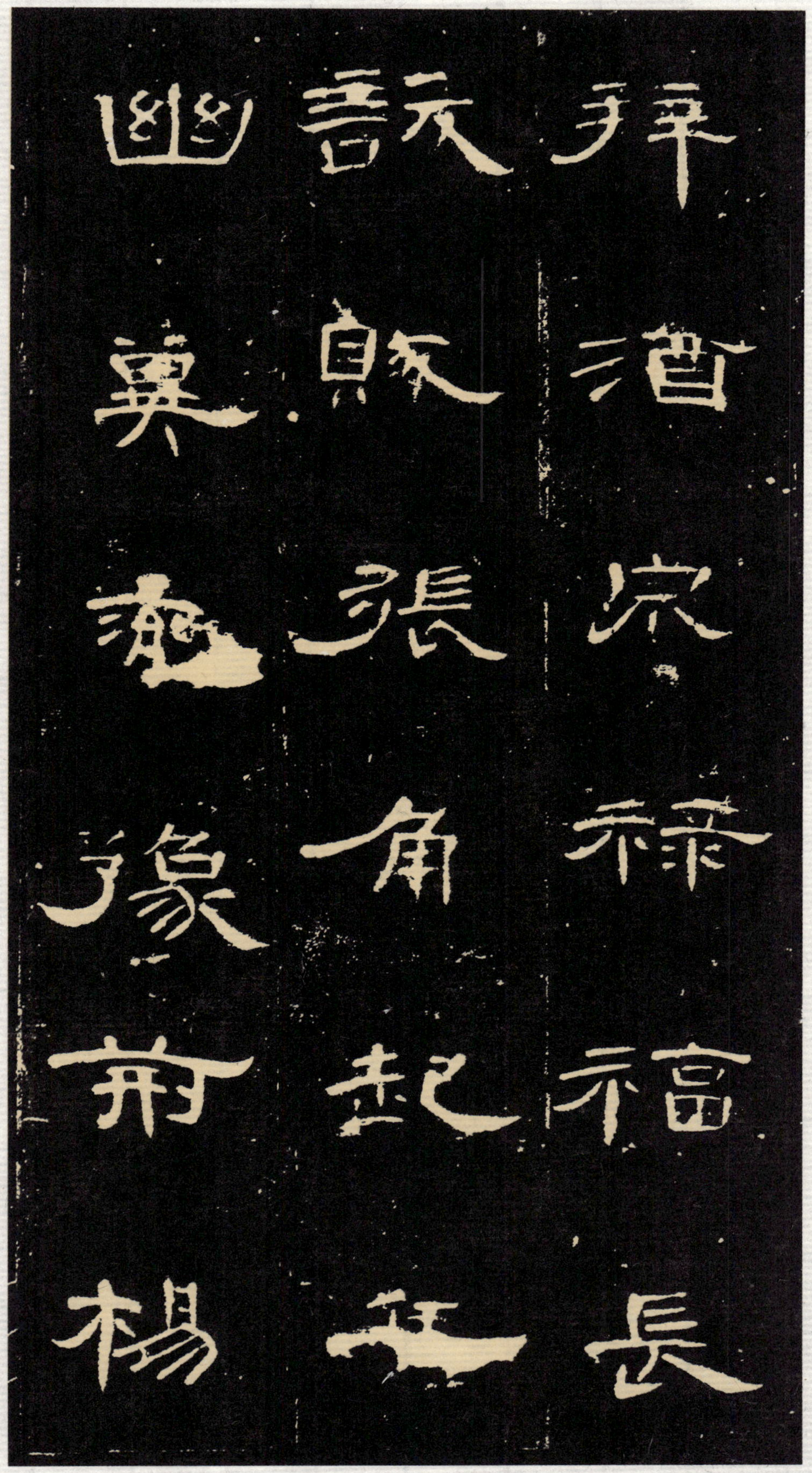

拜酒泉禄福長。訞賊張角，起兵幽冀，兖、豫、荆、楊

同時並動而縣
民郭家等復造
逆亂燔燒城寺

同時並動。而縣民郭家等復造逆亂，燔燒城寺，

萬民騷擾，人裹不安，三郡告急，羽檄仍至。于時

聖主諮諏，群僚咸曰：『君哉！』轉拜郃陽令，收合餘

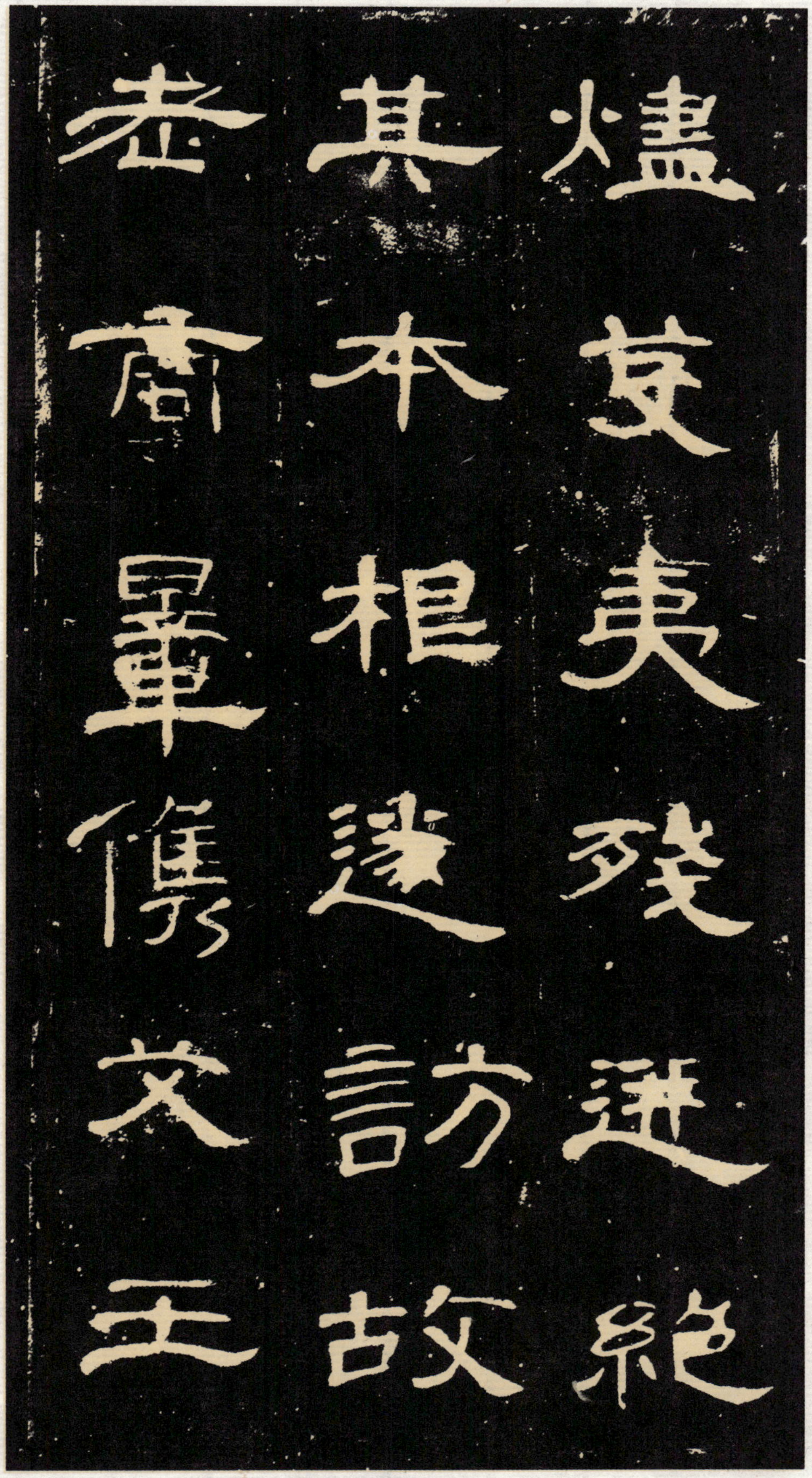

燼，芟夷殘迸，絕其本根。遂訪故老商量儁艾王

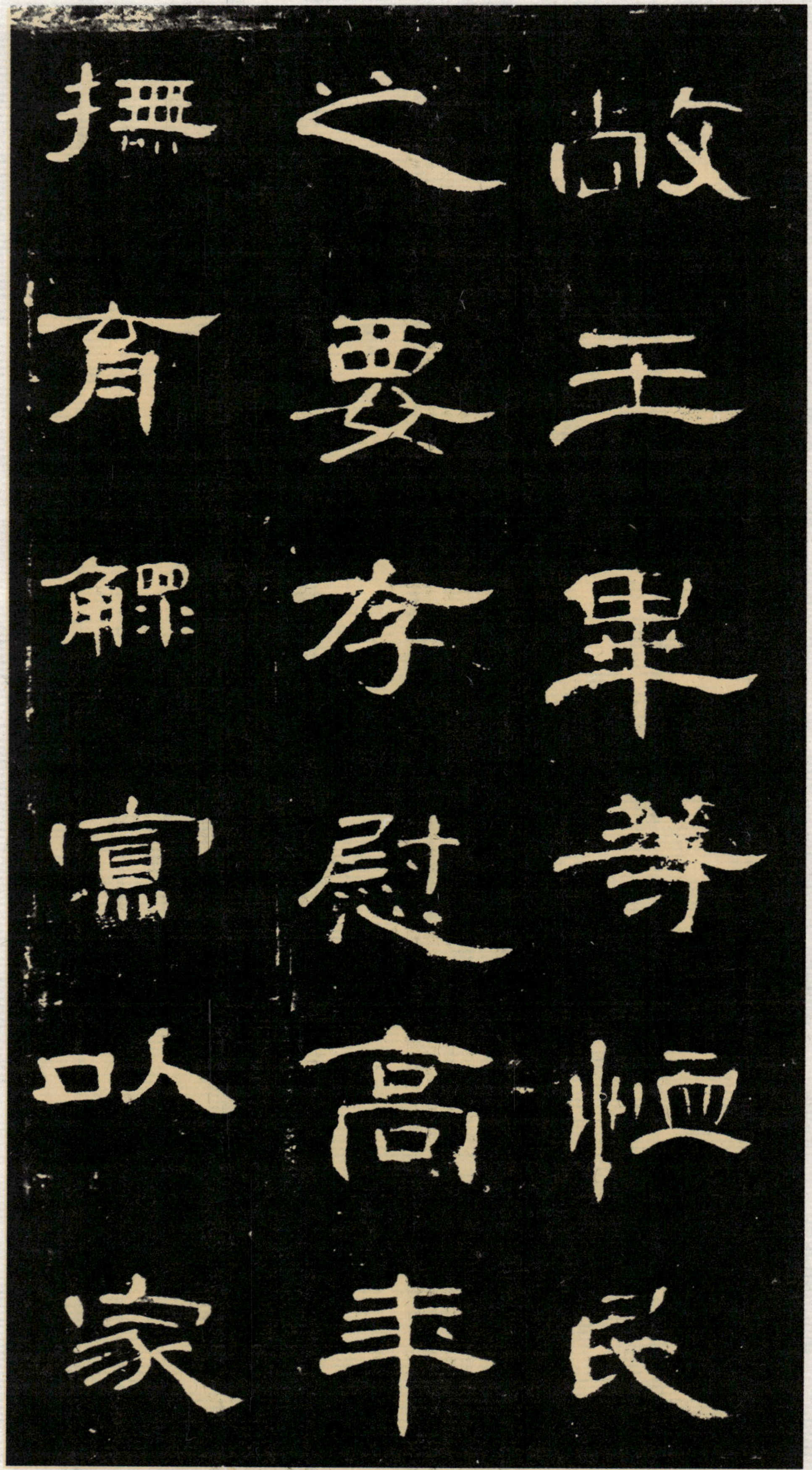

敞、王畢等，恤民之要，存慰高年，撫育鰥寡，以家

錢糴米粟，賜癃盲。大女桃婓等，合七首藥神明

膏親至離亭。部吏王宰、程横等，賦與有疾者，咸

蒙瘳悛。惠政之流，甚於置郵，百姓繦負，反者如

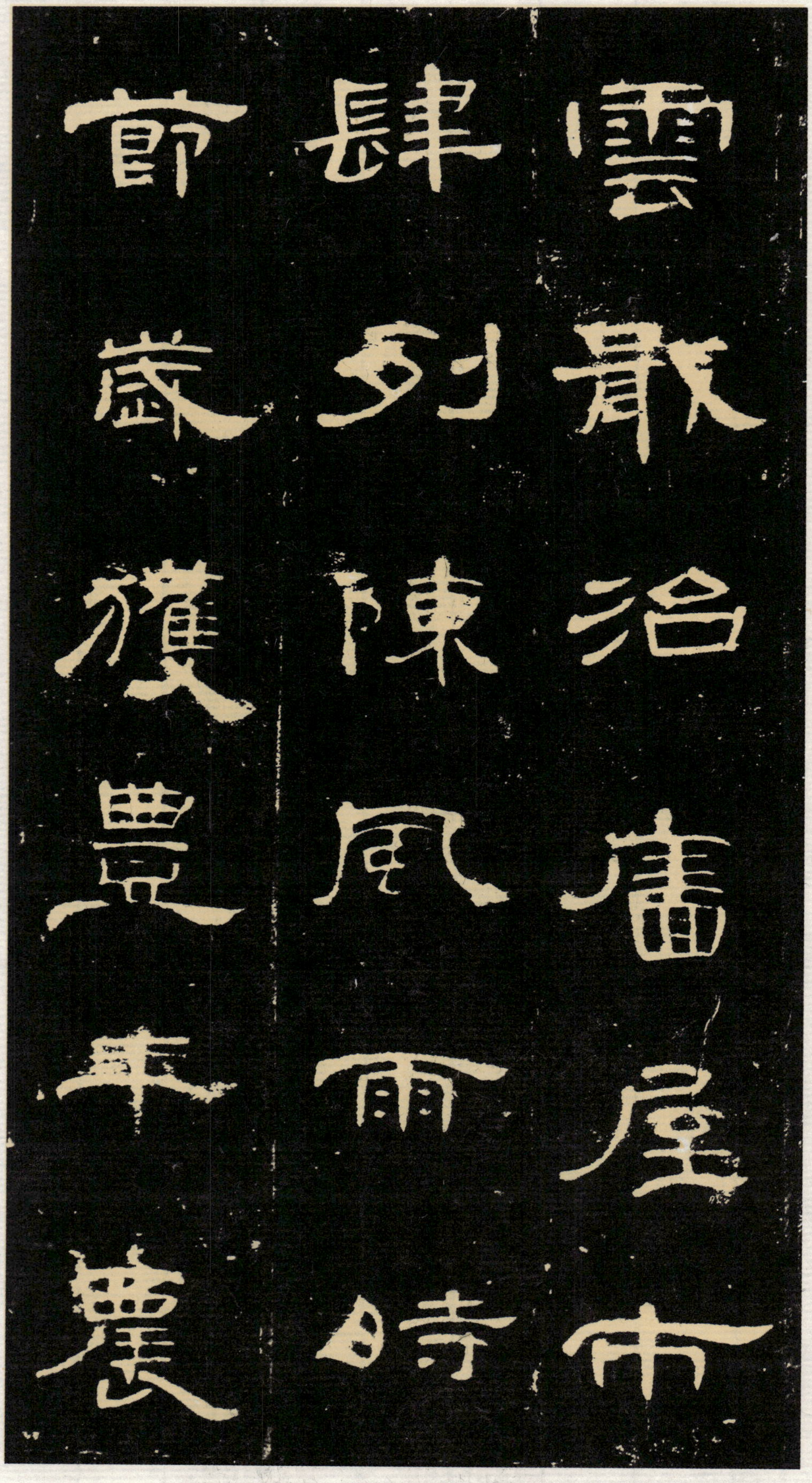

雲。戢治廧屋，市肆列陳。風雨時節，歲獲豐年，農

夫織婦，百工戴恩，縣，前以〔河〕〔和〕平元年，遭白茅谷

水灾害，退於戊亥之間，興造城郭。是後舊姓及

修身之士，官位不登。君乃閔縉紳之徒不濟，開

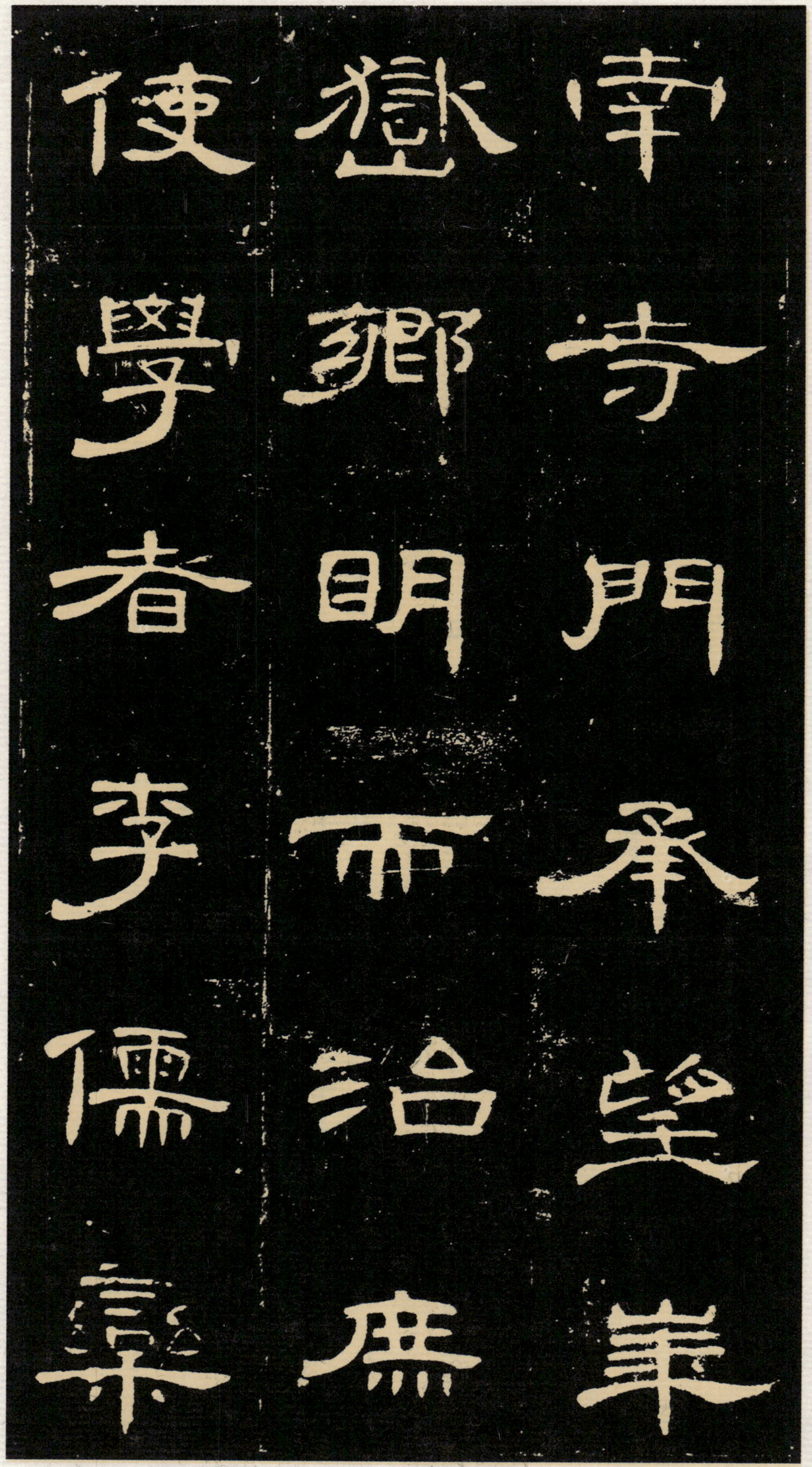

南寺門，承望華嶽，鄉明而治。庶使學者李儒、欒

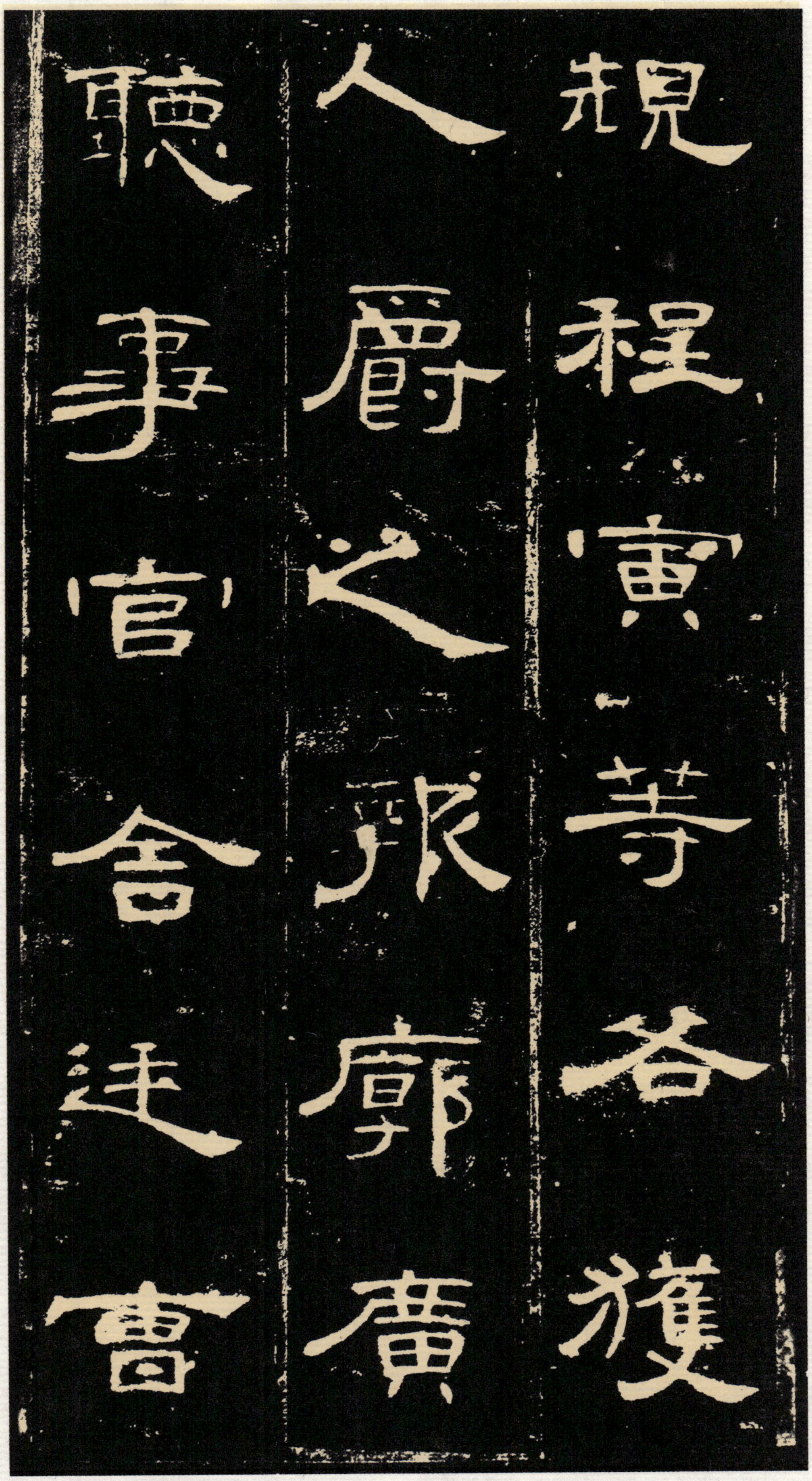
規程寅等各獲
人爵之報廓廣
聽事官舍廷曹

規、程寅等，各獲人爵之報。廓廣聽事官舍，廷曹

尚、功曹史王顓等，嘉慕奚斯，考甫之美，乃共刊

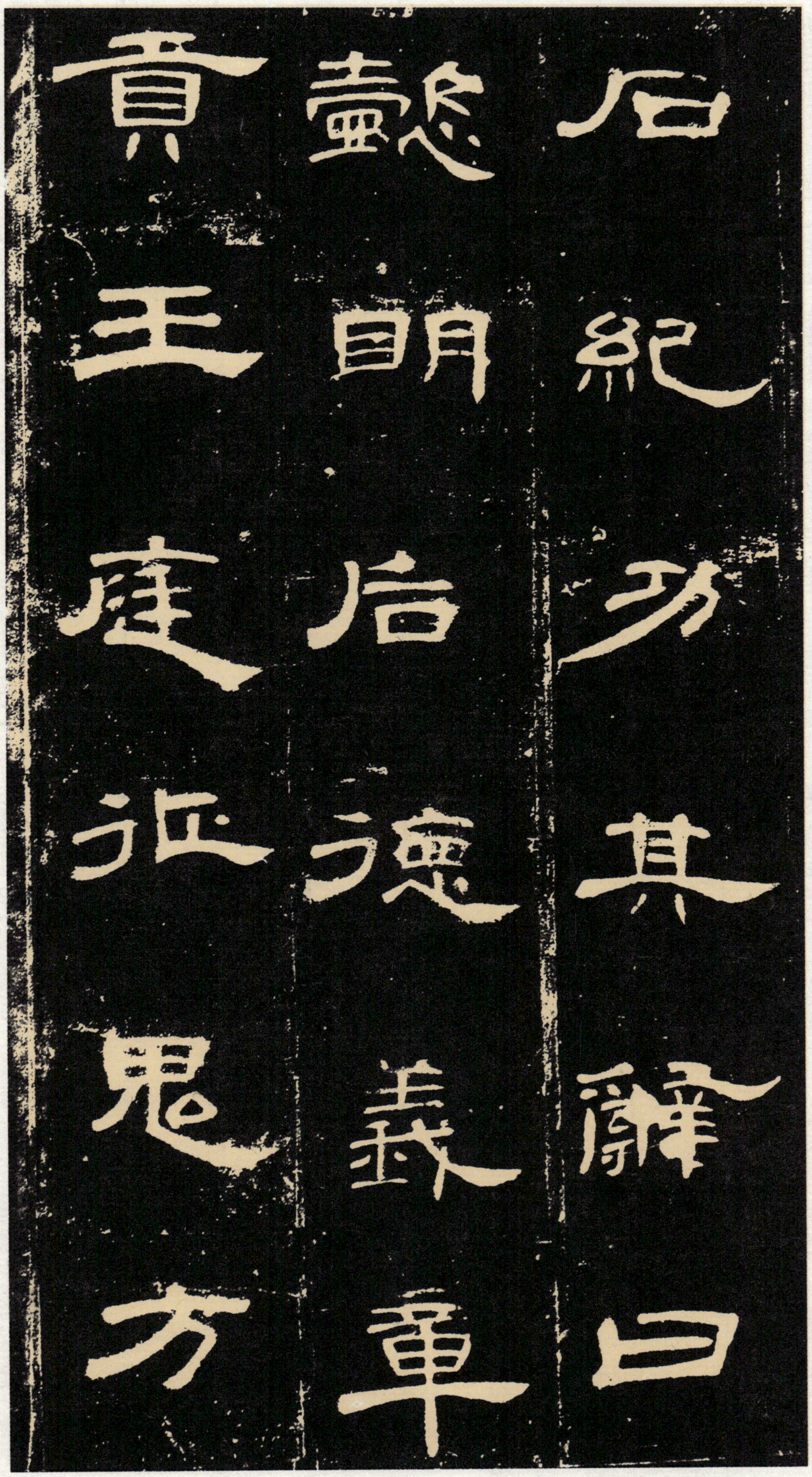

石紀功。其辭曰：懿明后，德義章。貢王庭，征鬼方。

威布烈，安殊荒。還師旅，臨槐里。感孔懷，赴喪紀。

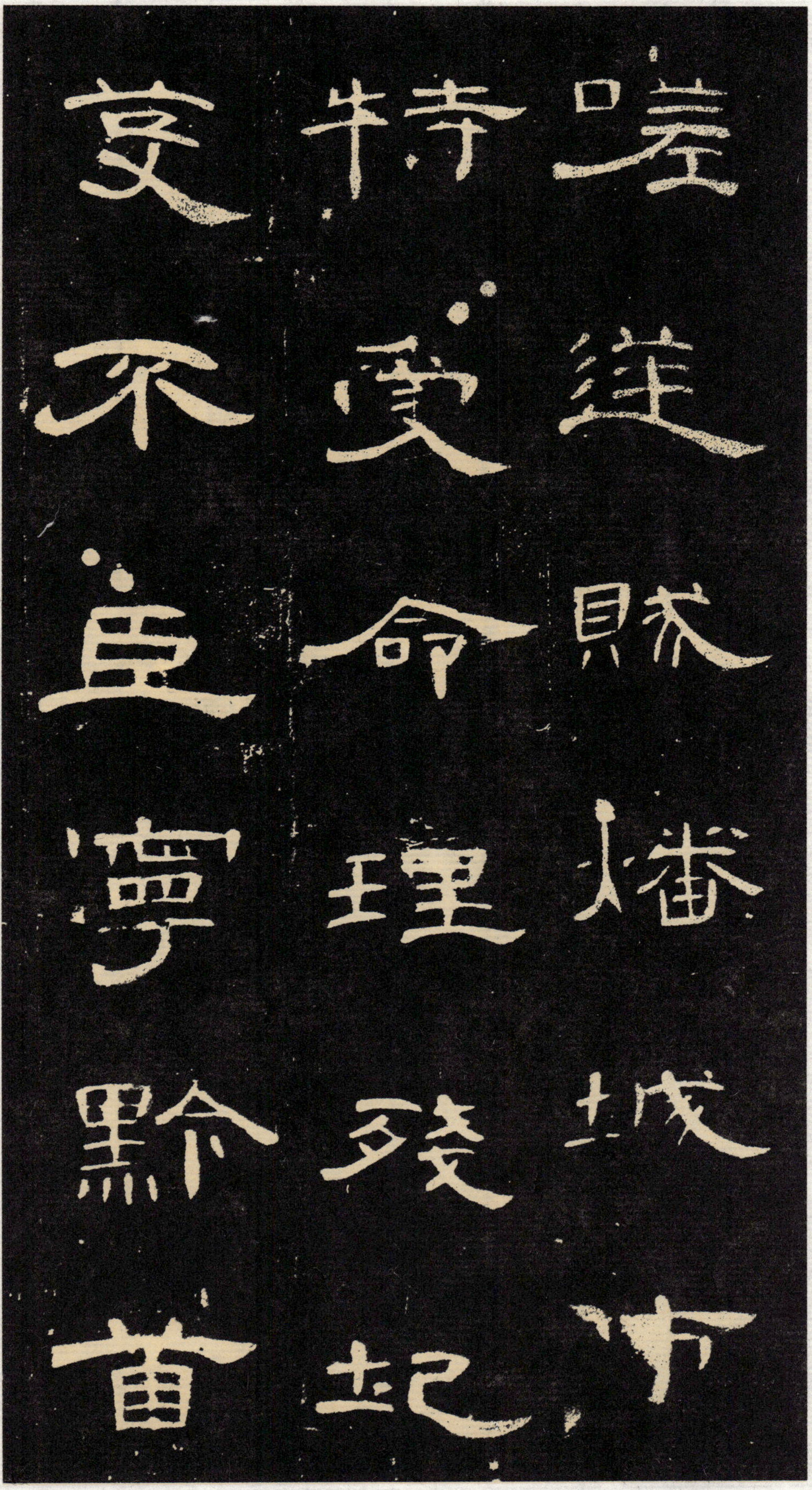

嗟逆賊，燔城市。特受命，理殘圮，芟不臣，寧黔首。

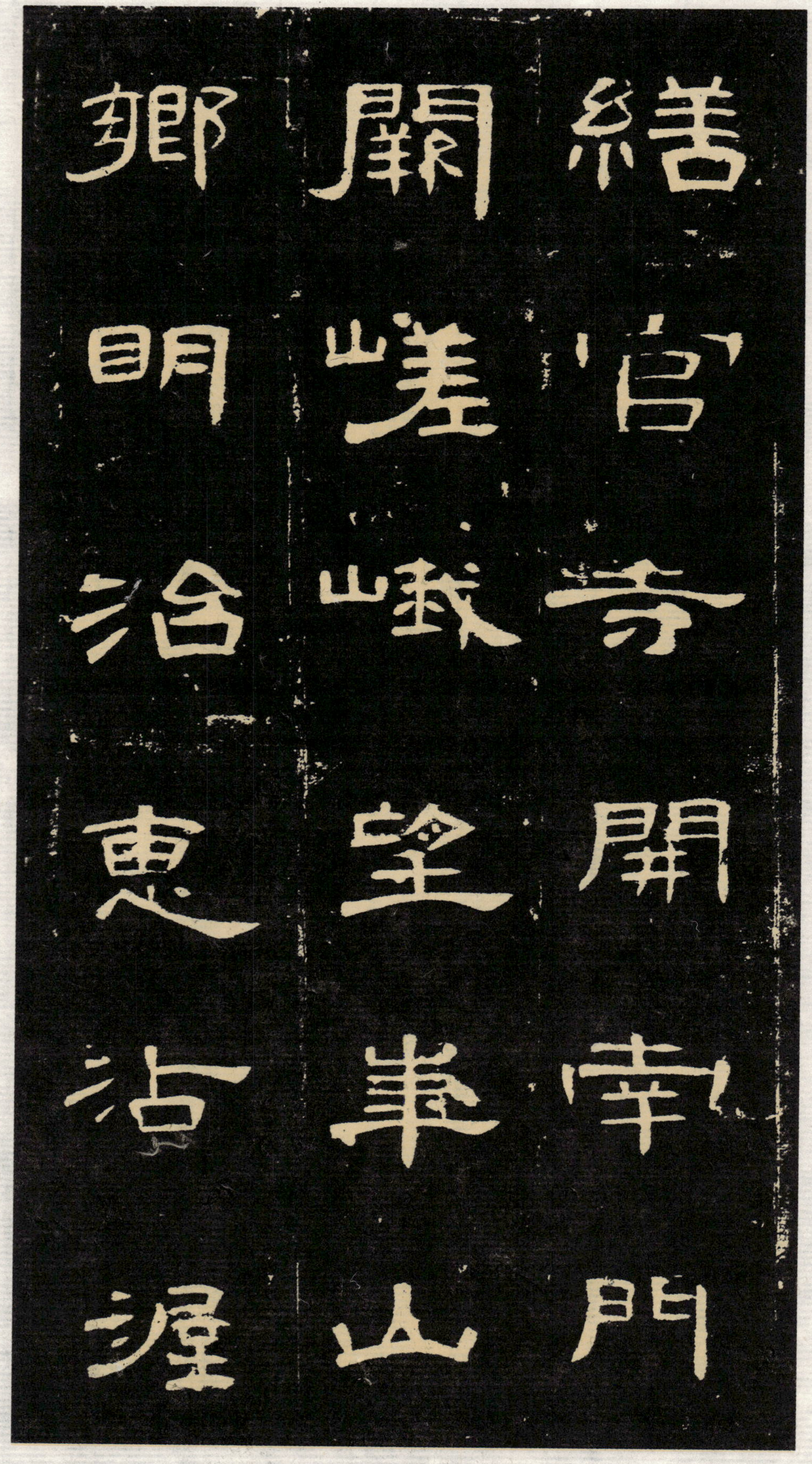

繕官寺，開南門，闕嵯峨，望華山。鄉明治，惠沾渥。

吏樂政，民給足。君高升，極鼎足。中平二年十月

丙辰造。

張遷碑

君諱遷，字公方。陳留己吾人也。君之先，出自有

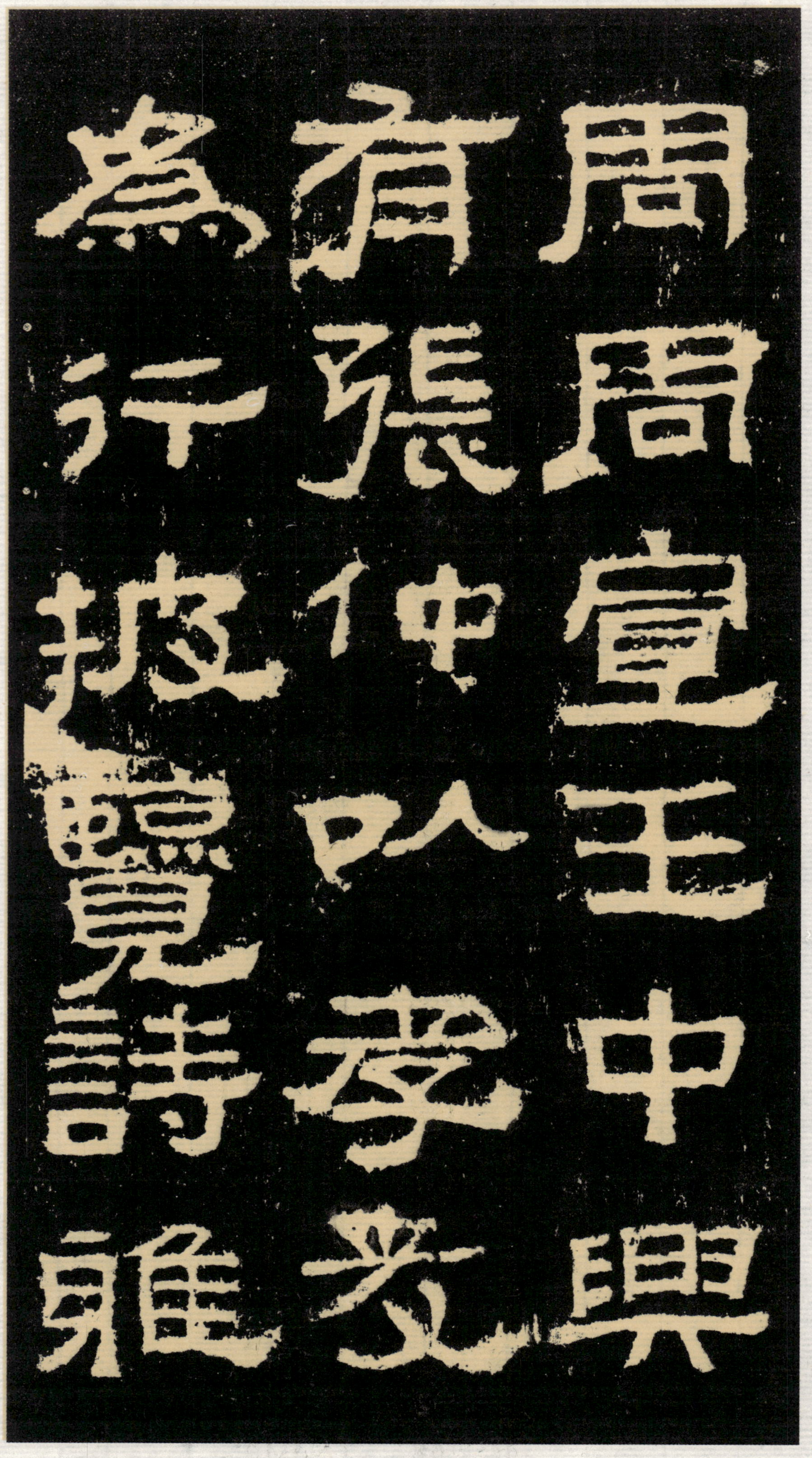
周周宣王中興
有張仲以孝友
爲行披覽詩雅

周，周宣王中興，有張仲，以孝友爲行。披覽《詩·雅》，

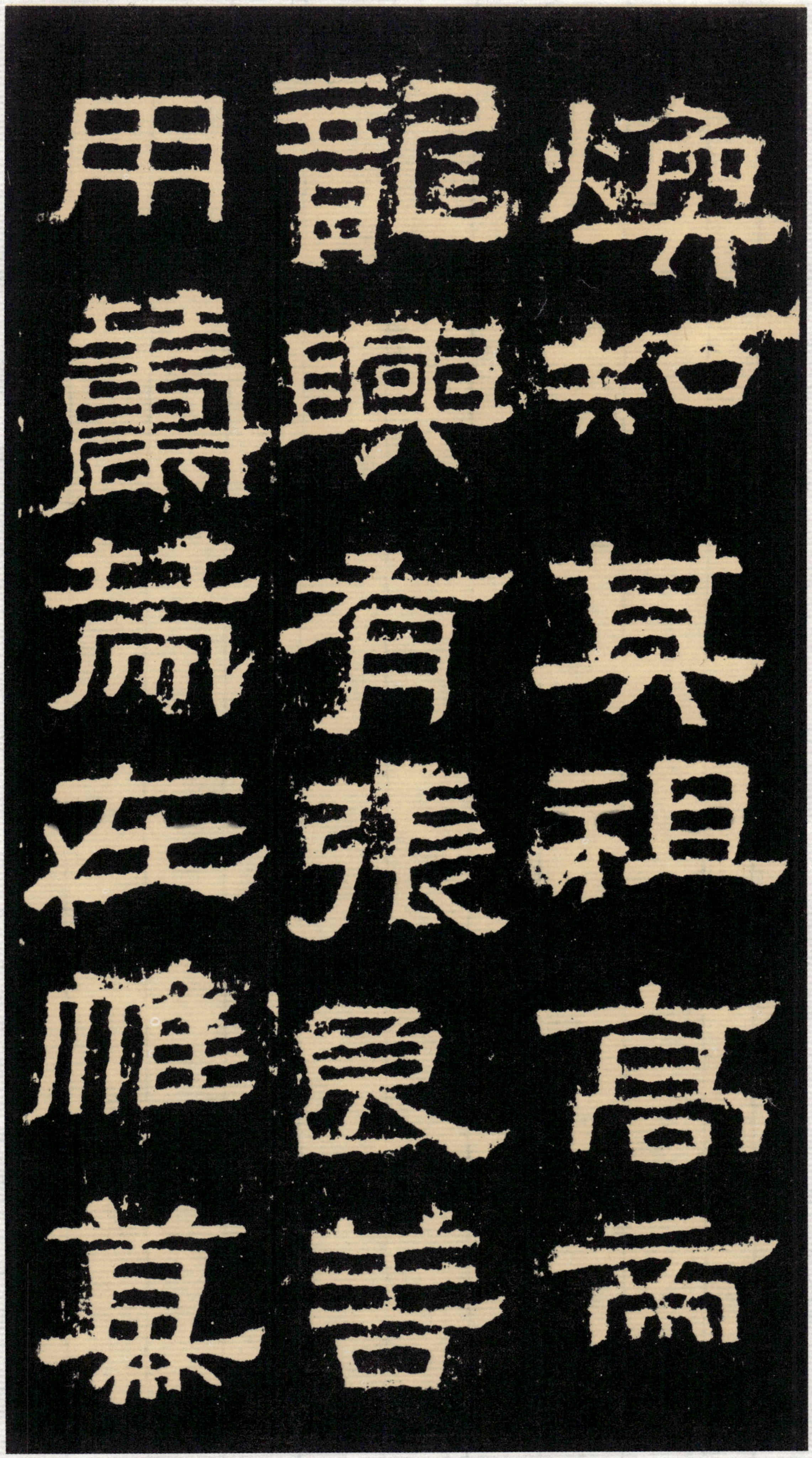

煥知其祖。高帝龍興，有張良，善用籌策，在帷幕

之內決勝負千
里之外折珪於
留文景之間有

之內，決勝負千里之外，折珪於留。文、景之間，有

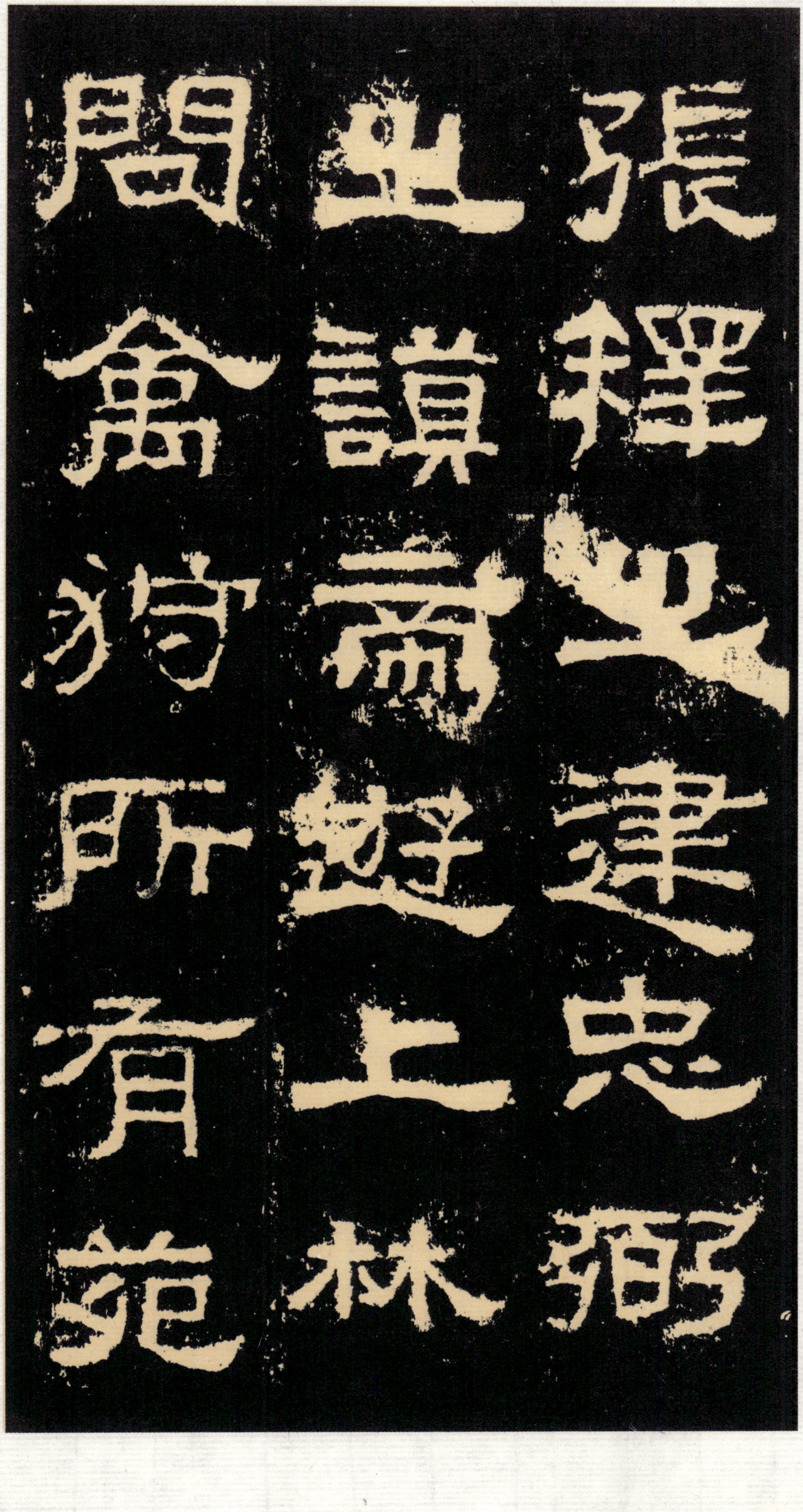

張釋之，建忠弼之謨。帝遊上林，問禽狩所有，苑

令不對更問嗇
夫嗇夫事對於
是進嗇夫爲令

令不對，更問嗇夫，嗇夫事對，於是進嗇夫爲令，

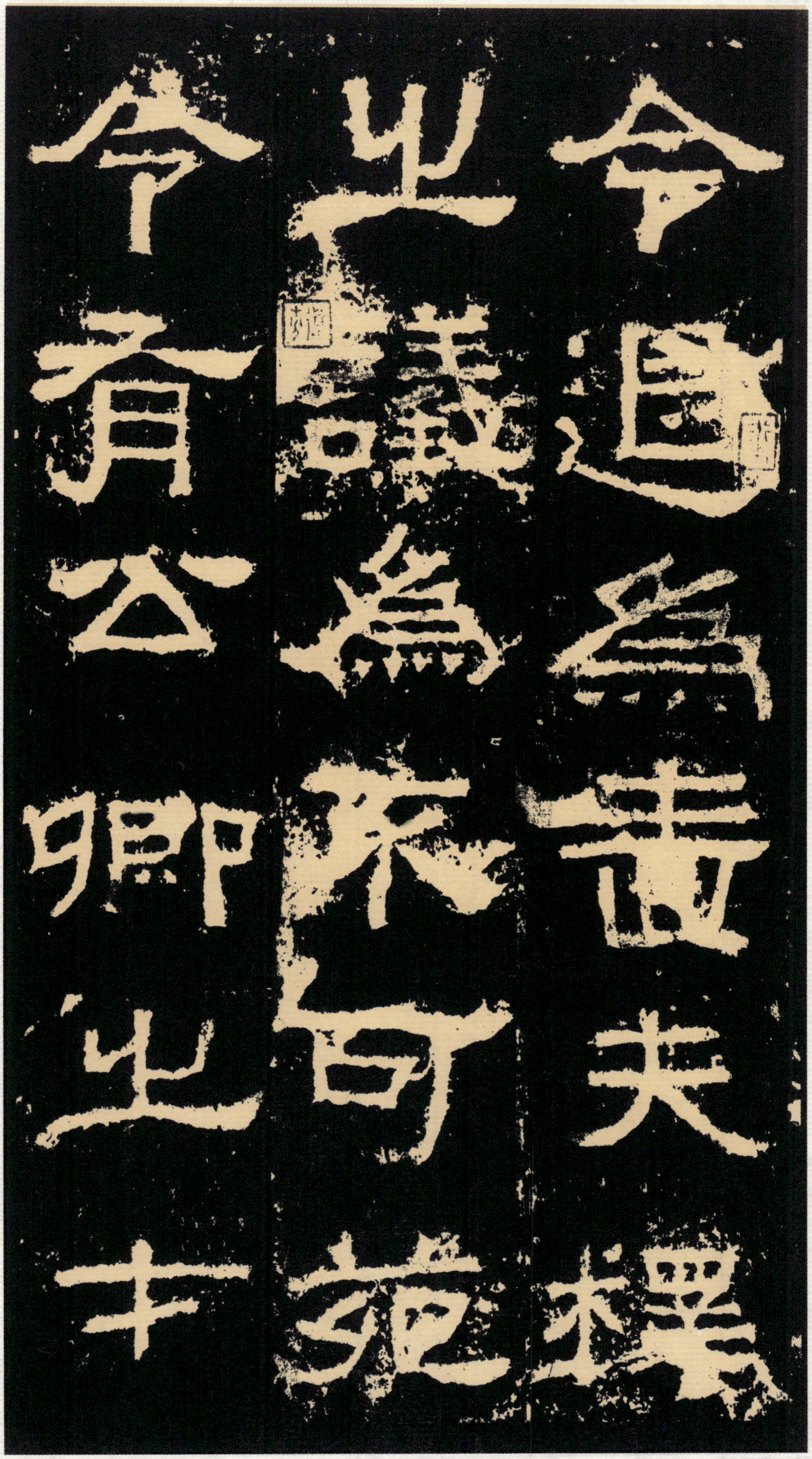

令退爲嗇夫。釋之議爲不可：苑令有公卿之才，

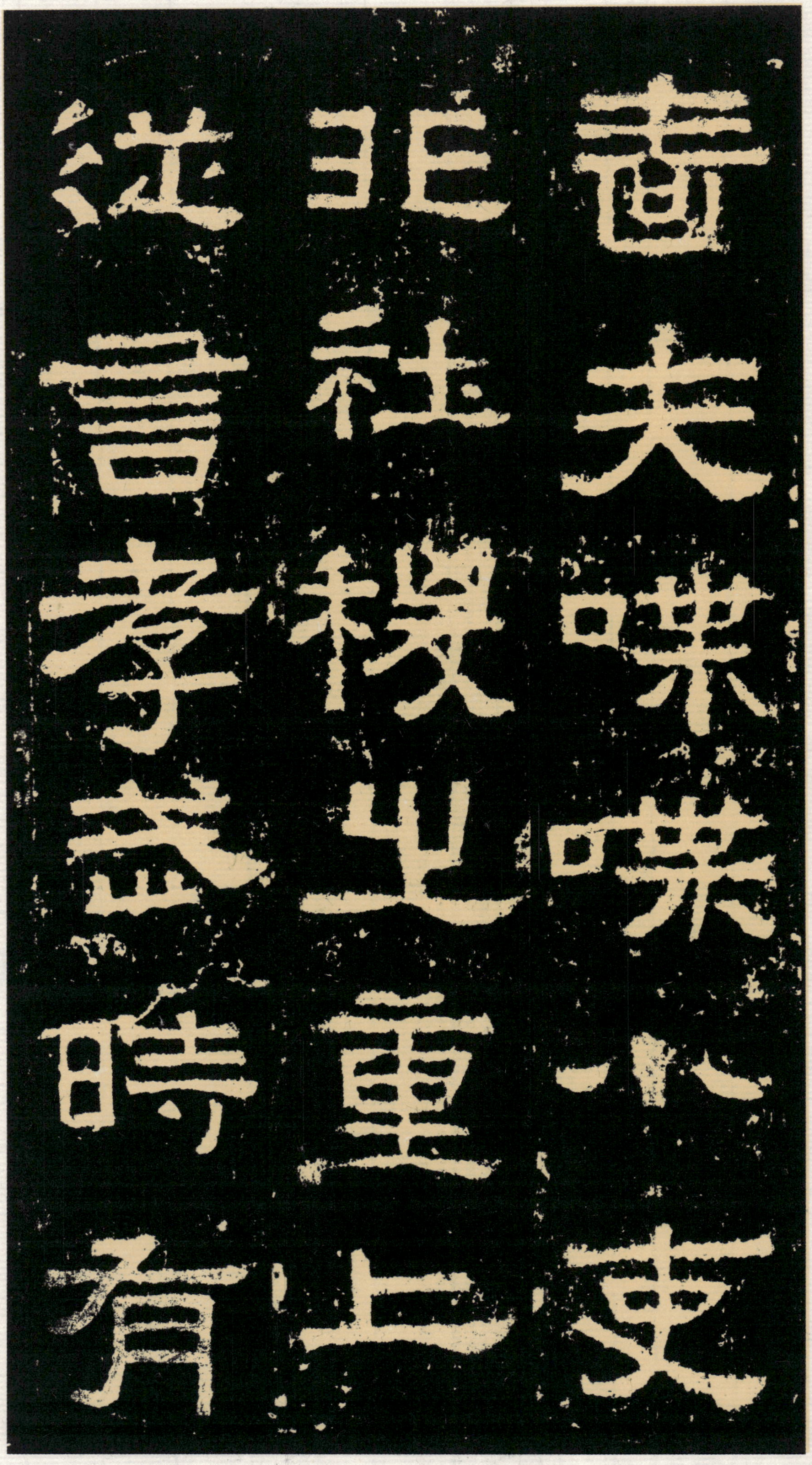

嗇夫喋喋小吏，非社稷之重，上從言。孝武時有

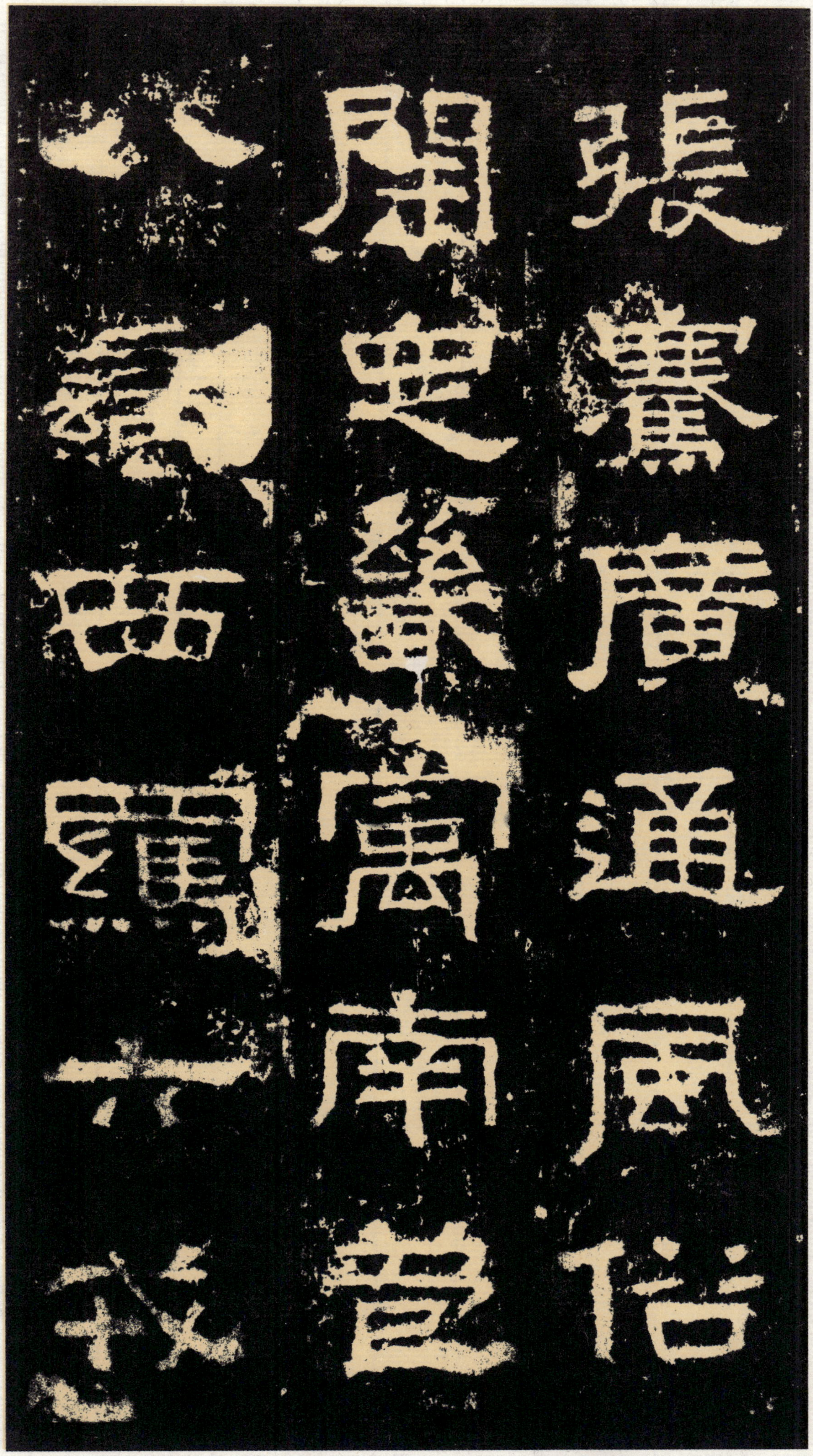

張騫，廣通風俗，開定畿寓，南苞八蠻，西羈六戎，

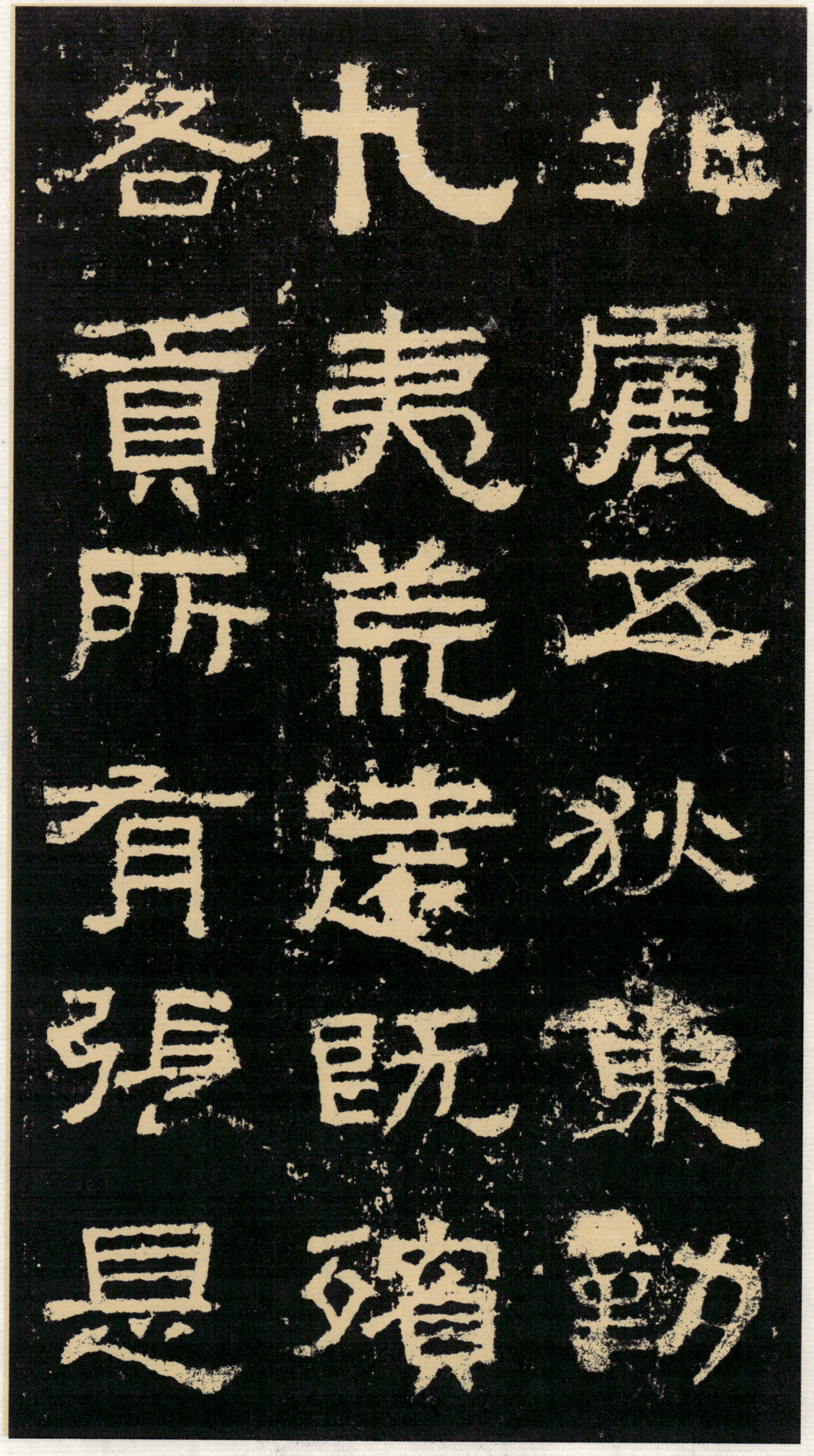

北震五狄，東勤九夷。荒遠既殯，各貢所有。張是

輔漢，世載其德。爰（既且）〔曁〕且於君，盖其繵縺，纘戎鴻

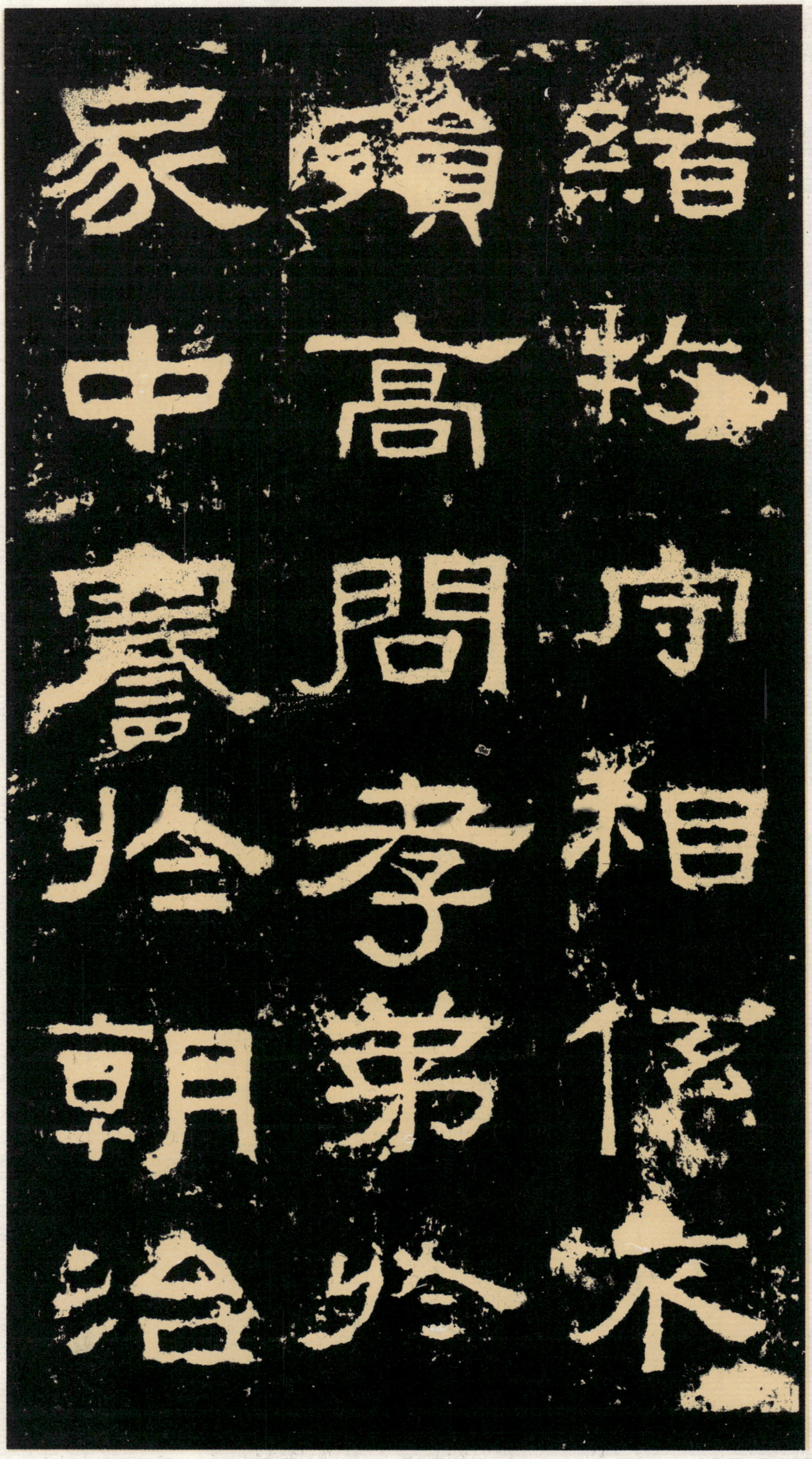

緒，牧守相係，不殞高問。孝弟於家，中謇於朝，治

京氏《易》，聰麗權略，藝於從（畋）〔政〕。少爲郡吏，隱練職

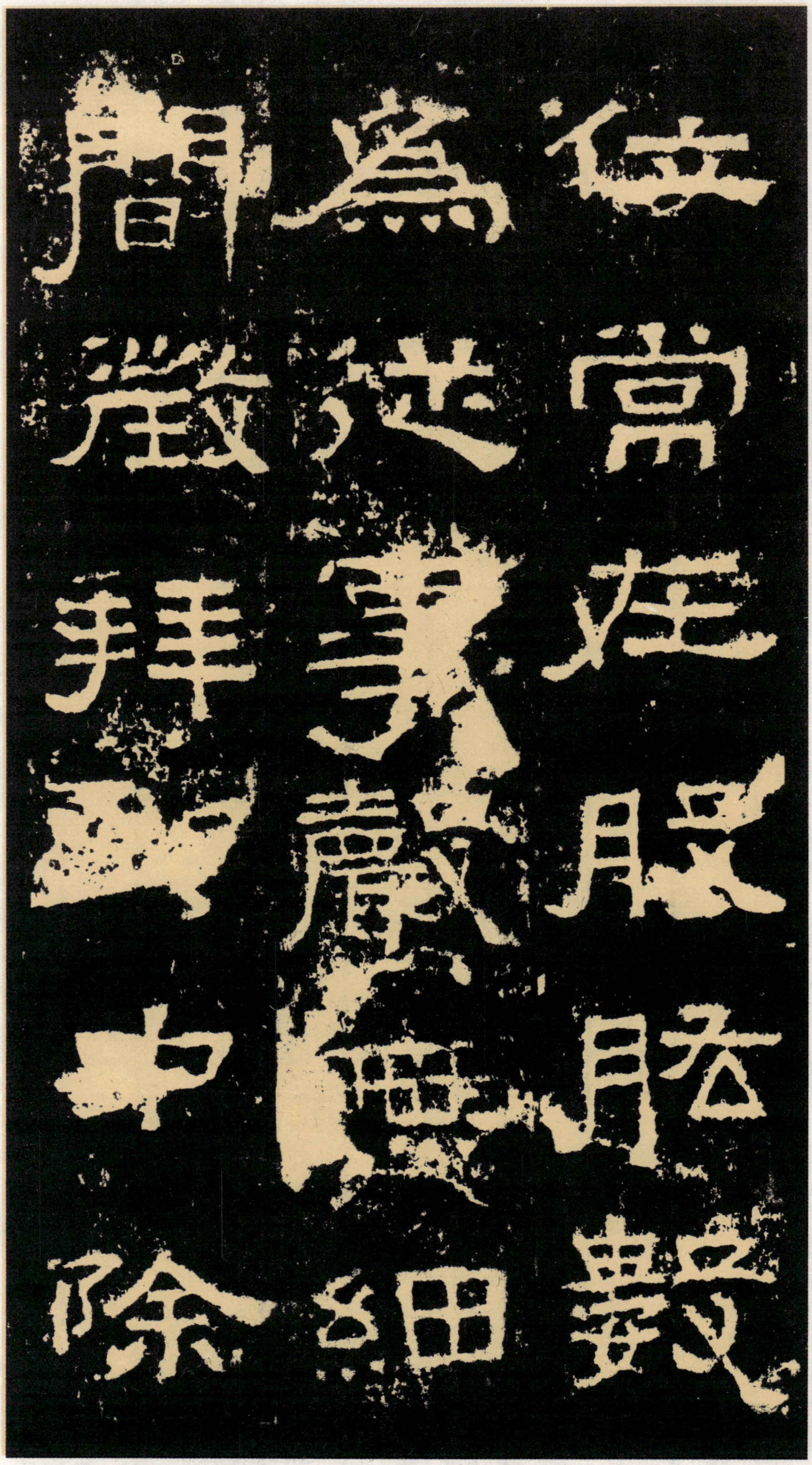

位，常在股肱。數爲從事，聲無細聞。徵拜郎中，除

穀城長，蠶月之務，不閉四門。臘正之祭，休囚歸

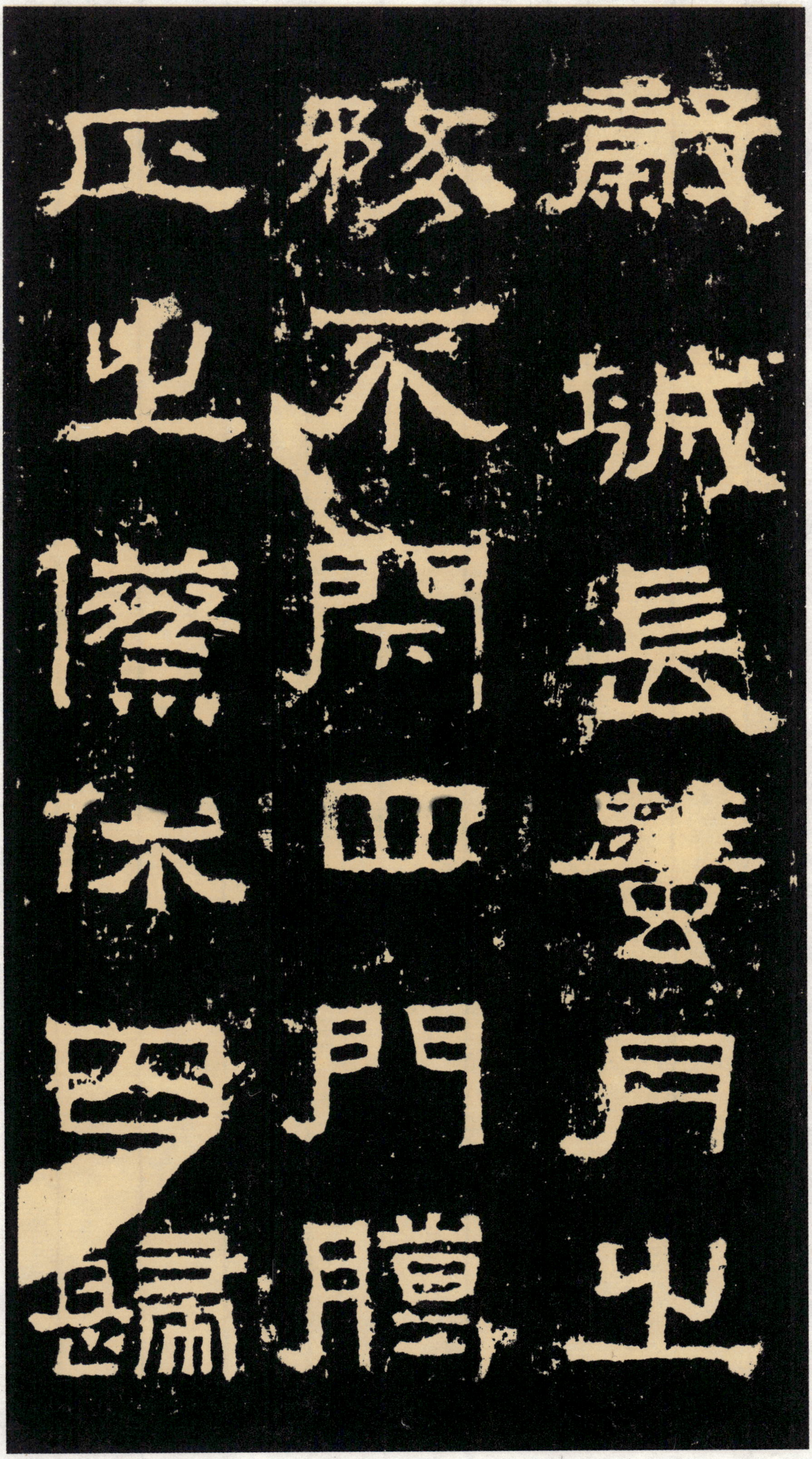

賀。八月算民，不煩於鄉。隨就虛落，存恤高年。路

無拾遺，犂種宿野。黃巾初起，燒平城市，斯縣獨

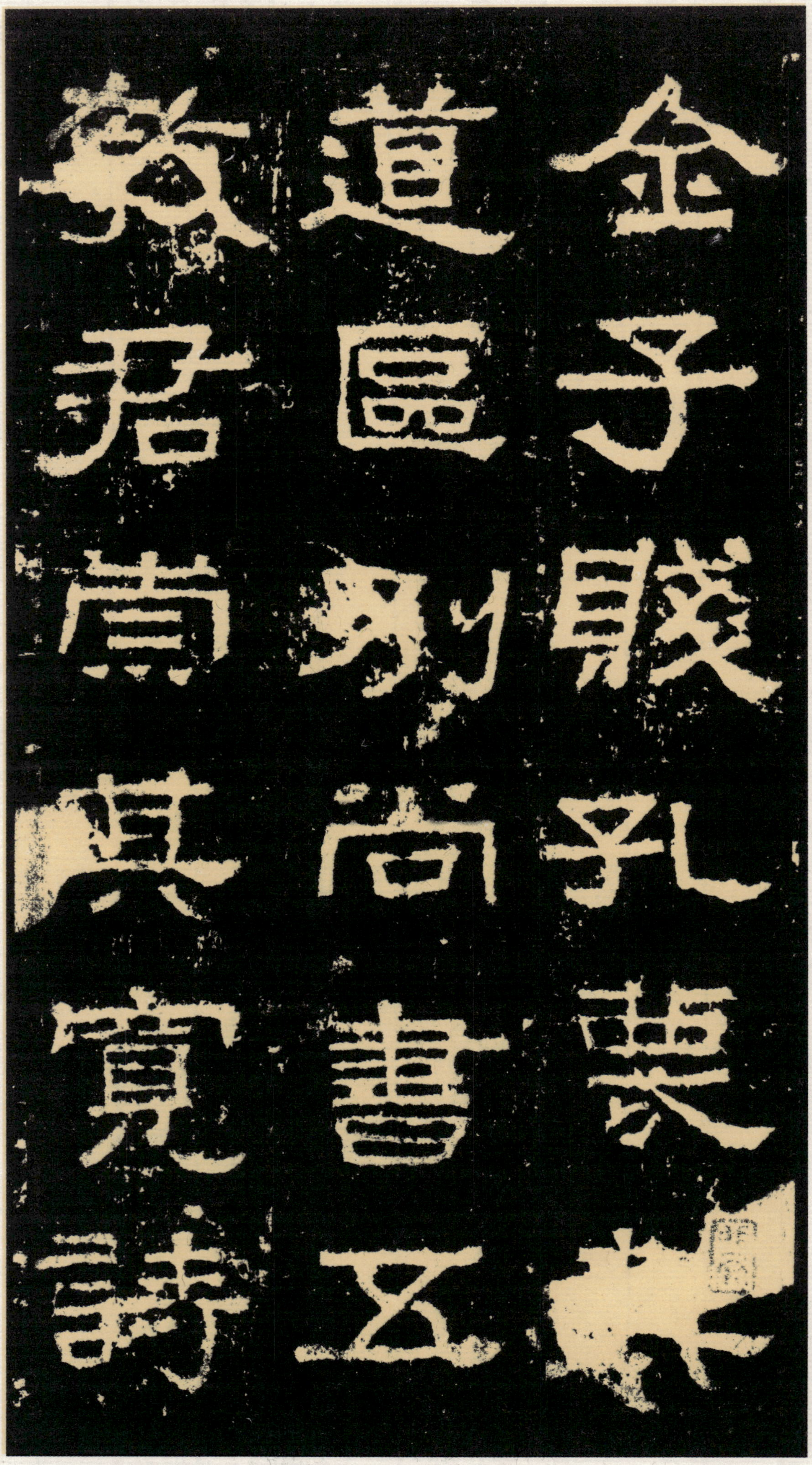

全。子賤孔蔑，其道區別。《尚書》五教，君崇其寬；《詩》

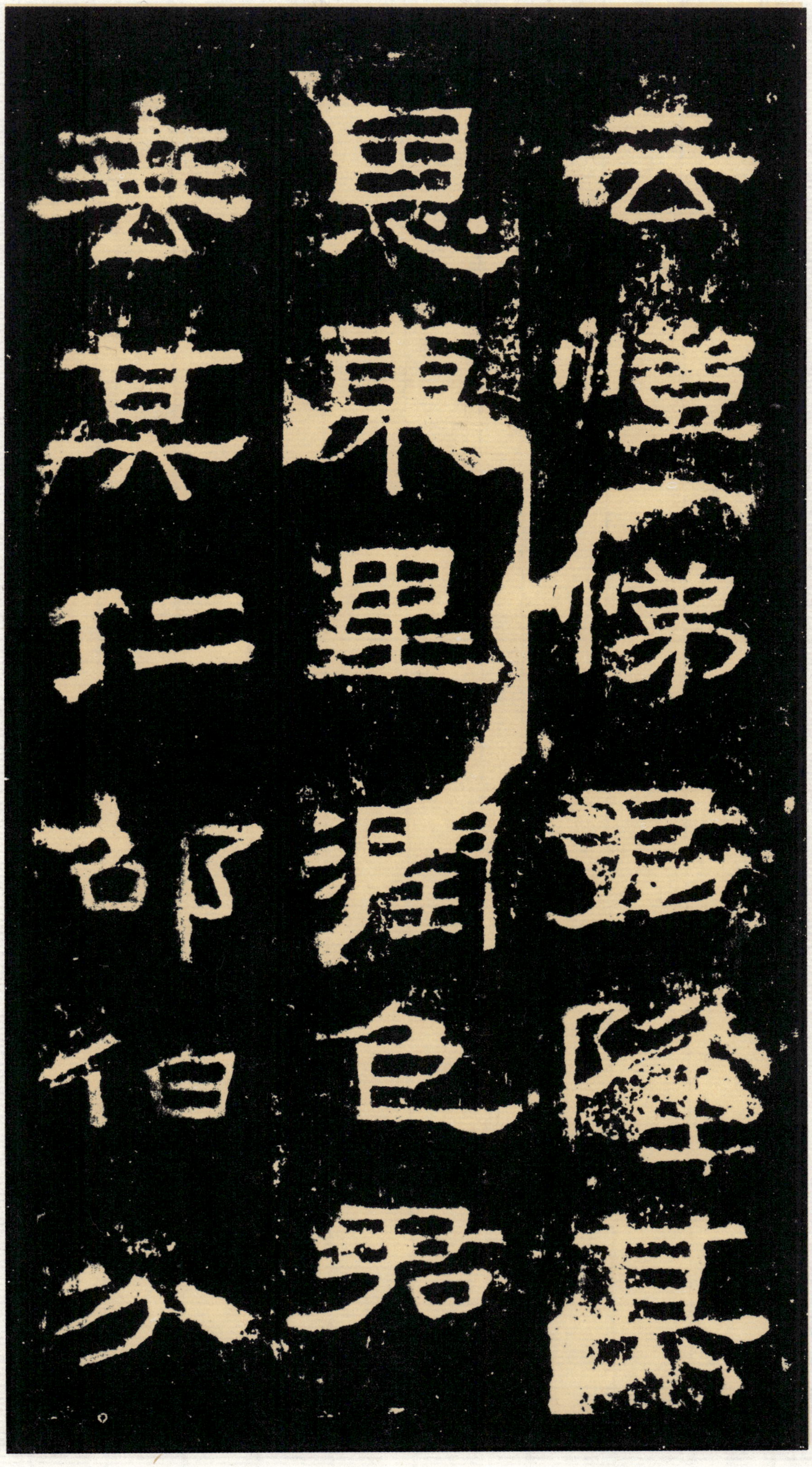

云：愷悌，君隆其恩；東里潤色，君垂其仁。邵伯分

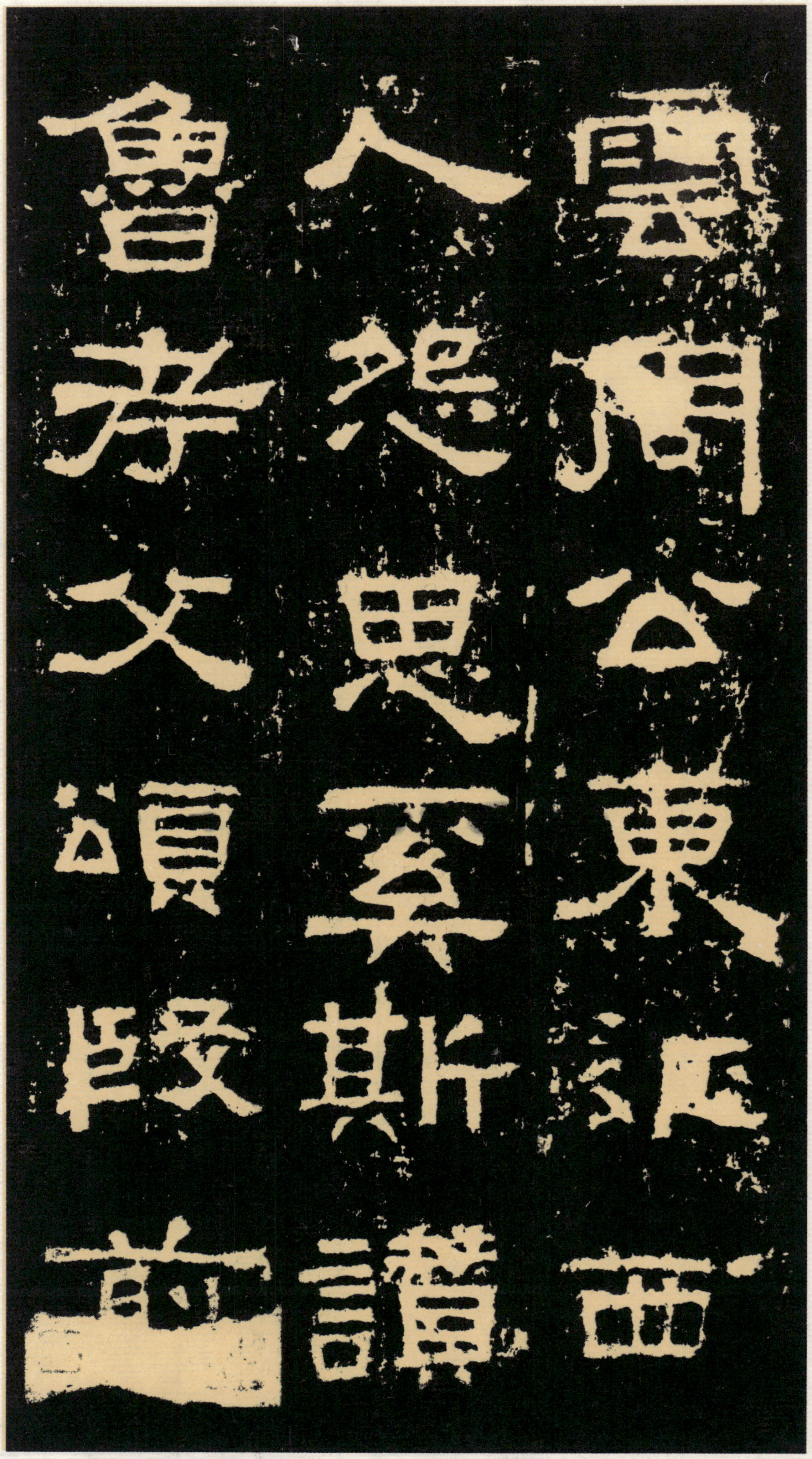

雲，周公東征，西人怨思。奚斯讚魯，考父頌殷。前

喆遺芳，有功不書，後無述焉。於是刊石竪表，銘

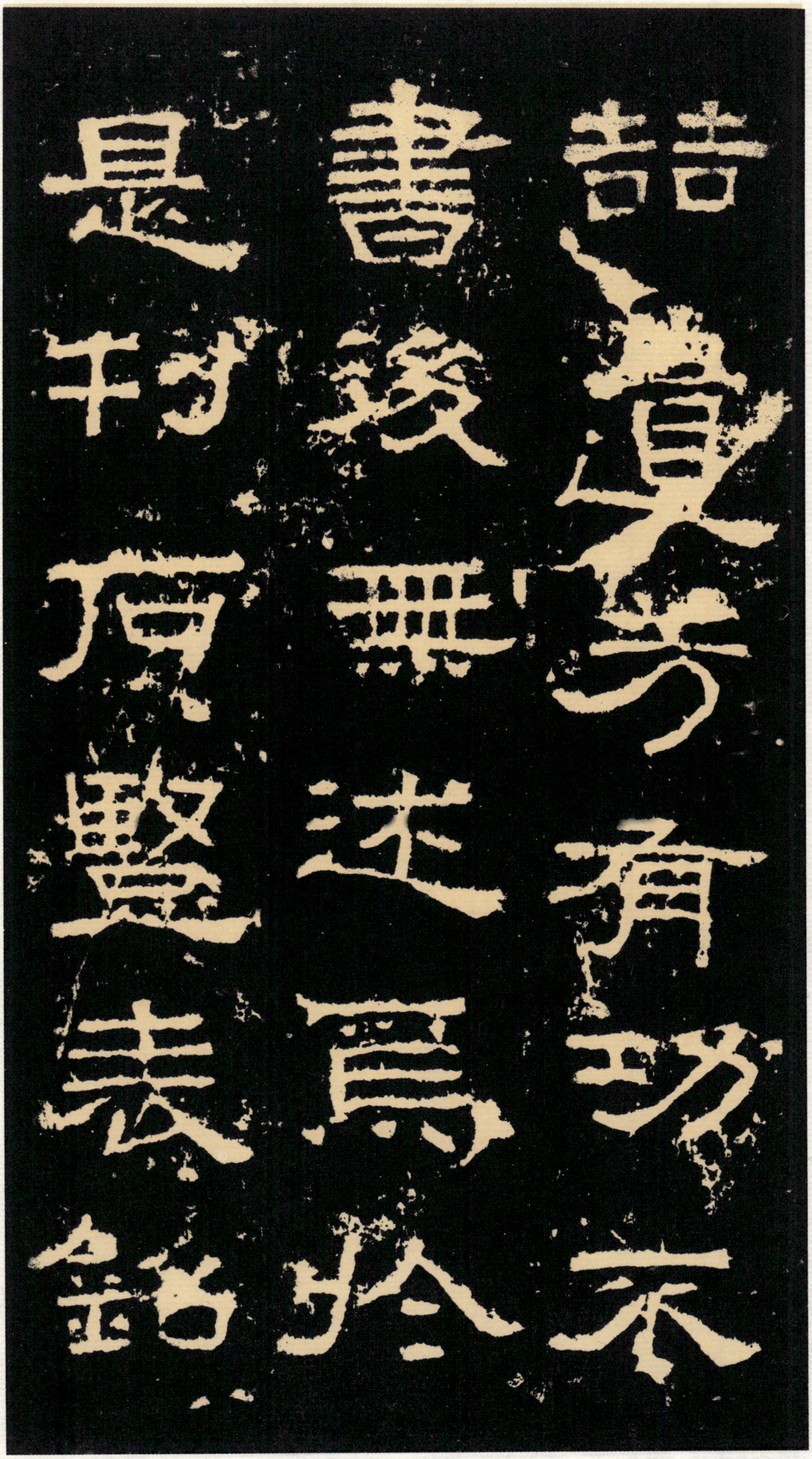
喆遺芳有功不書後無述焉於是刊石竪表銘

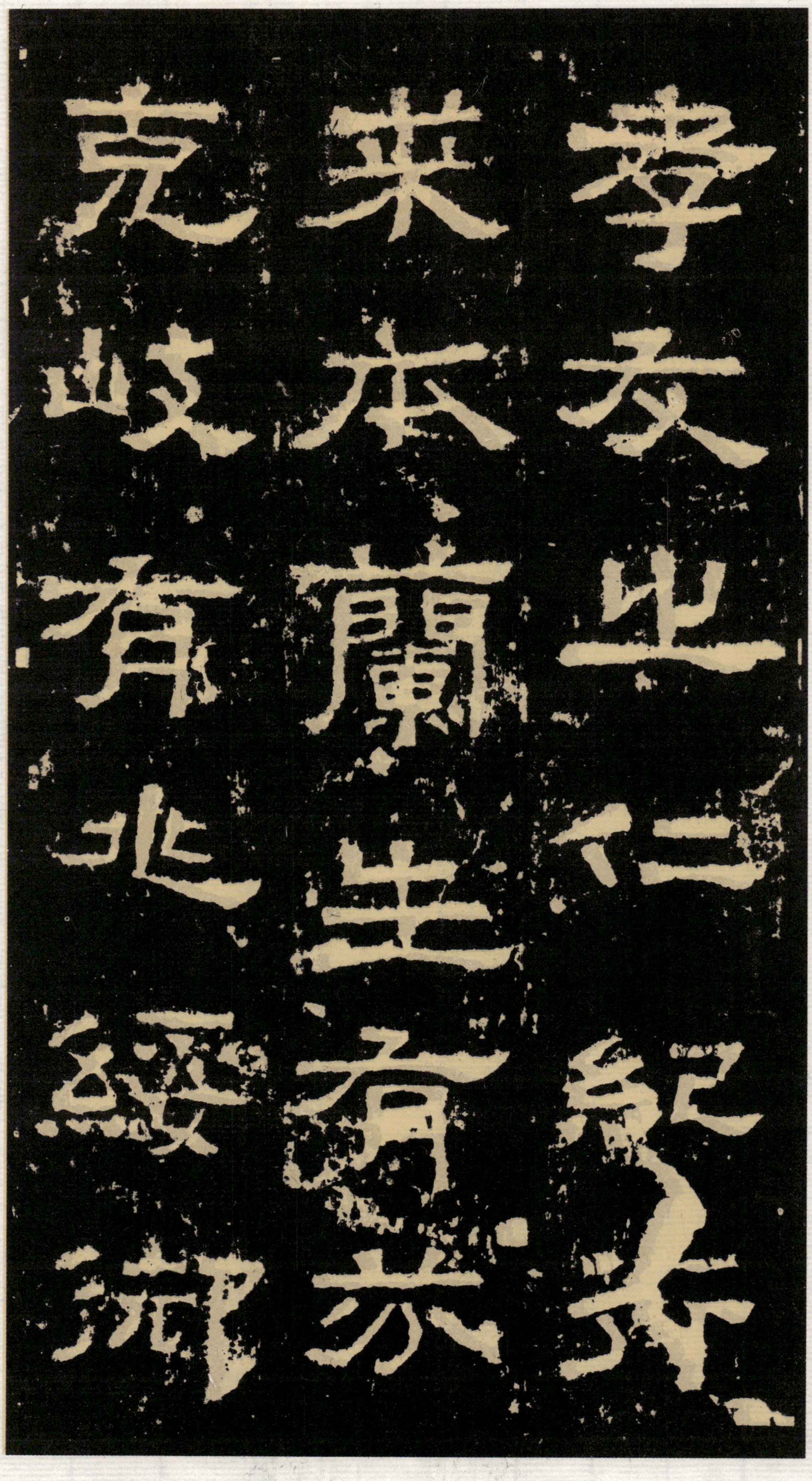

孝友之仁。紀行求本，蘭生有芬。克岐有兆，綏御

有勳，利器不覲，魚不出淵。國之良幹，垂愛在民。

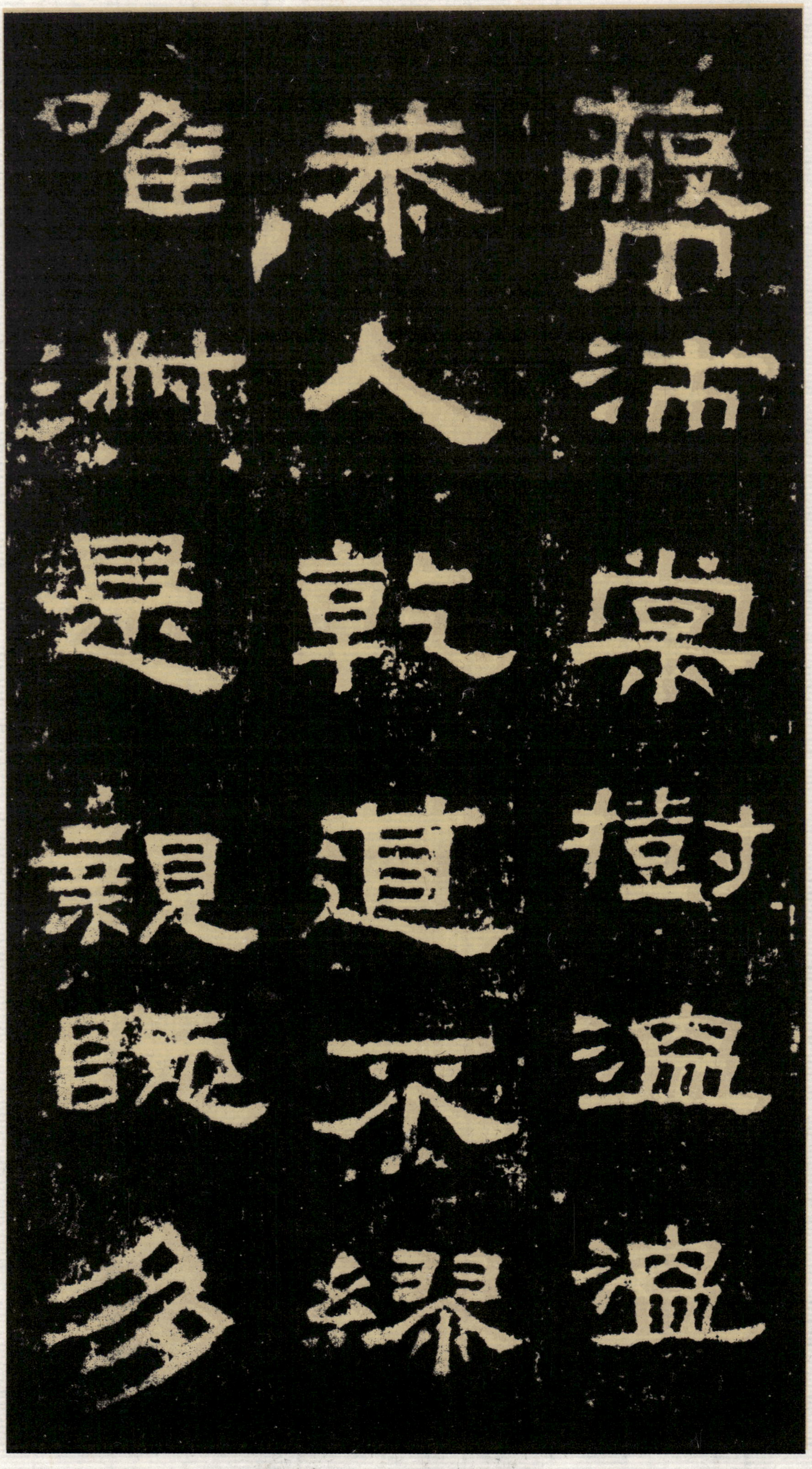

蔽沛棠樹，温温恭人。乾道不繆，唯淑是親。既多

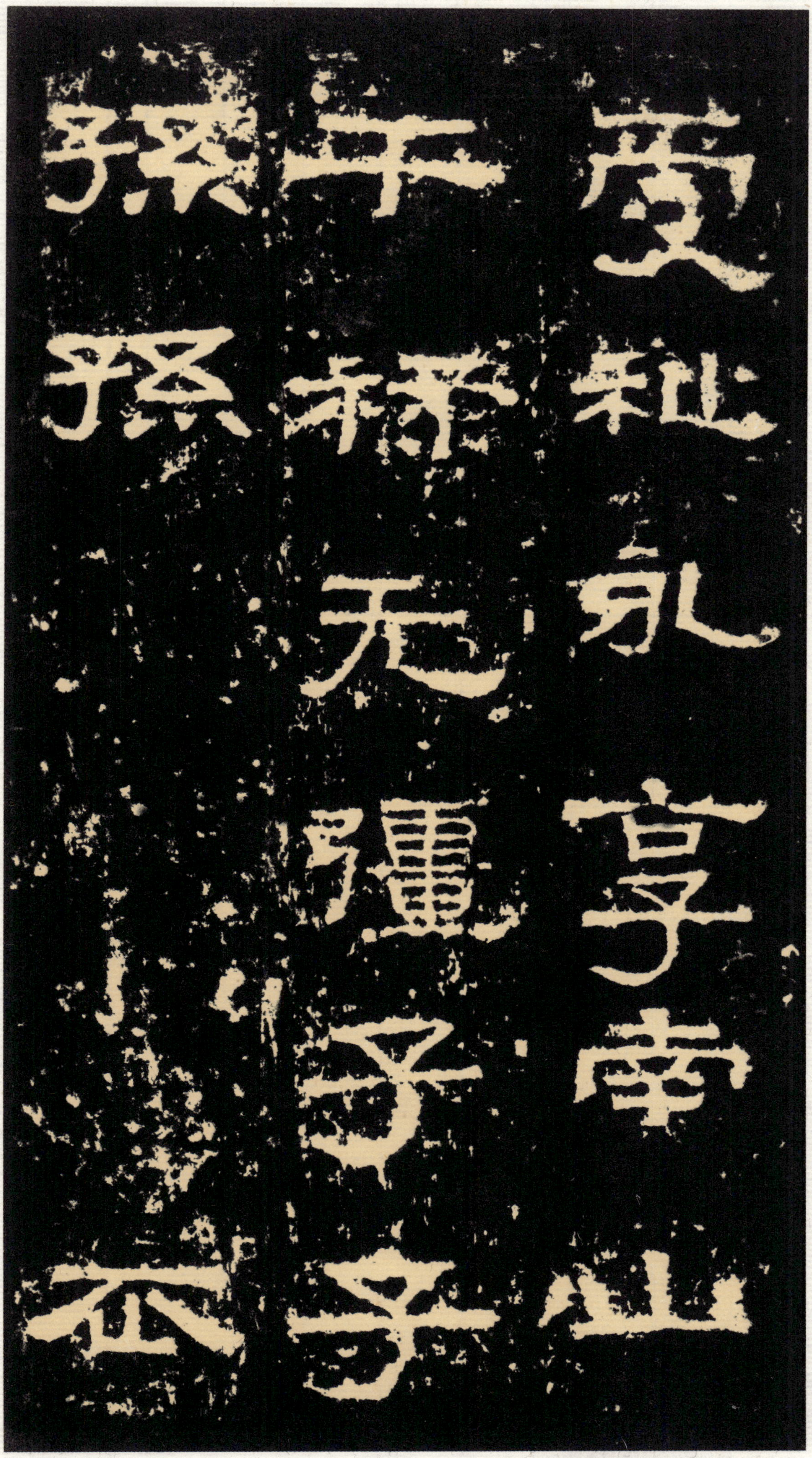

受祉，永享南山，干禄無疆，子子孫孫。□

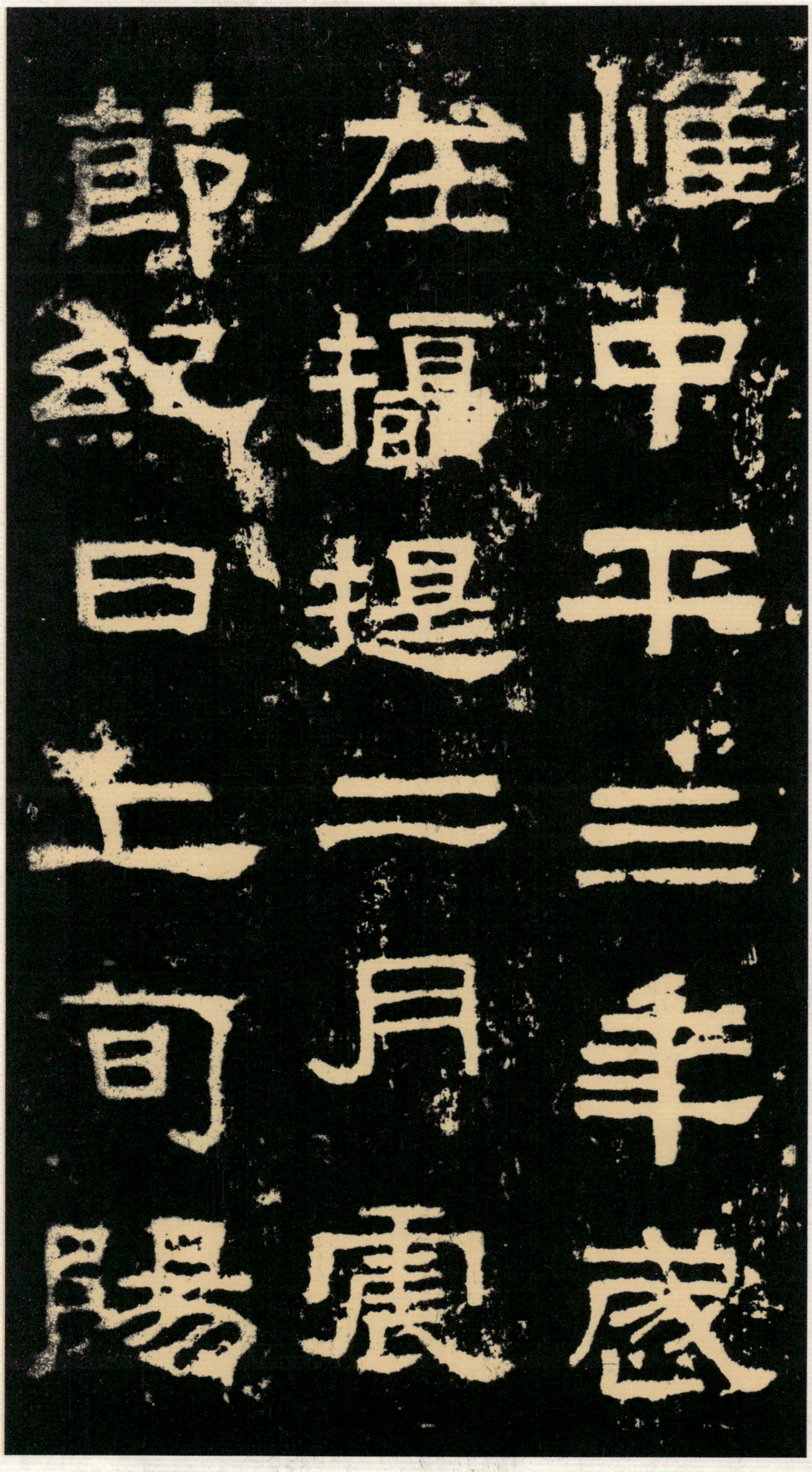

惟中平三年，歲在攝提，二月震節，紀日上旬。陽

氣厥析，感思舊君，故吏韋萌等，僉然同聲，賃師

孫興，刊石立表，以示後昆。共享天祚，億載萬年。